Matthias Deutschmann
Noch nicht reif und schon faul

Für
Carlo und Antje

Matthias Deutschmann

Noch nicht reif und schon faul

orell füssli Verlag

Umschlaggestaltung: Hauptmann & Kompanie Werbeagentur, Zürich
Foto: © Anja Limbrunner
Druck: fgb • freiburger graphische betriebe, Freiburg

ISBN 978-3-280-05529-8

Die Deutsche Nationalbibliothek verzeichnet diese Publikation in der Deutschen Nationalbibliografie; detaillierte bibliografische Daten sind im Internet über http://dnb.d-nb.de abrufbar.

Inhalt

Fallobst alla Pofalla

Faul kann im Deutschen vieles sein. Vom Zauber über Kredite bis zum Kompromiss. Dazu kommen das Renten-, Gesundheits- und Schulsystem. »Etwas ist faul im Staate D-Mark«. Diese überraschenderweise bei Paul Celan gereifte Einsicht lässt sich heute leider nicht mehr als Bonmot verwenden. Nicht nur der Verrat, auch die Pointe ist eben eine Frage des Zeitpunkts. Der €uro regiert und hat aus Europa eine €-Zone gemacht, in der eine krisengestützte Politik der Entpolitisierung vorangetrieben wird. Angela Merkel ist für diesen Job wie geschaffen, denn sie ist im Grunde unpolitisch. Die Kanzlerin hat weder eine Vision noch eine Idee, an der sie scheitern könnte. Sie ist die Praktikerin im Baumarkt der Demokratie. Sie findet »Wege, wie die parlamentarische Mitbestimmung so gestaltet wird, dass sie trotzdem auch marktkonform ist.« Eine solche Spezial-Demokratie funktioniert am besten abseits des Parlaments im kleinen Kreis gut beratener Volksvertreter, die finanzpolitische Entscheidungen so fällen, wie Spekulanten ihr Geschäft betreiben: unauffällig, schnell und hart am Markt. Das Parlament ist viel zu groß, zu lahm und dazu auch noch öffentlich. Kritikern wird beschieden, dass die anstehenden Entscheidungen der Regierung »alternativlos« seien. Der ganze politische Sachverstand hangelt sich von Sachzwang zu Sachzwang. Die eigentliche Regierung sitzt in Frankfurt und heißt Europäische Zentralbank. In seinem Buch »Gekaufte Zeit« schreibt Wolfgang Streeck: »Die Öffentlichkeit, soweit es noch eine gibt, kann immer weniger folgen und vergisst immer schneller. Das kann der Politik nur recht sein.«

Im September 2013 brachte die Bundestagswahl eine rechnerische Mehrheit links der Mitte und seit Weihnachten haben wir eine große Koalition mit eingebauter Servolenkung der Demokratie. Schön, dass unser Bundesverfassungsgericht von Karlsruhe aus hin und wieder ins Berliner Lenkrad greift und auf die Bremse drückt. Die große Mehrheit im Lande interessiert inzwischen allerdings nicht mehr, was auf der politischen Bühne geboten wird. 30 Jahre Privatfernsehen haben auch die ARD und das ZDF zu Anstalten des zunehmenden öffentlichen Unsinns deformiert. Haben wir schon Valium in der Wasserleitung? Die halbe Nation sitzt sediert auf dem Sofa und schaut in die Glotze, flieht ins Wochenende oder den Urlaub. Warum denn auch nicht? Politische Größen wie Gerhard Schröder und Joschka Fischer interessieren sich doch auch nicht mehr für Politik, pflegen ihre Hobbys und machen das Netzwerk, das ihnen das Amt an die Hand gab, in der freien Wirtschaft zu Geld. Warum reifen Politiker heute nicht mehr in Amt und Würden aus? Warum gibt es immer mehr Fallobst alla Pofalla von der Sorte Noch-nicht-reif-und-schon-faul?

Das neue Deutschland

»Ich liebe es, mit Europa durch
den Mund meiner Kanonen zu
parlieren.«
Friedrich der Große

»Wir müssen heraustreten aus
dem Schatten Hitlers.«
Franz Josef Strauß

Einer wird gewinnen

Ich bin Europäer. Was anderes bleibt mir mit meinem Namen gar nicht übrig. Denn unter all den Deutschen den Namen Deutschmann zu tragen, ist so sinnlos, wie unter lauter Zwergen Klein zu heißen. In Griechenland oder Frankreich gibt der Name sofort Sinn. Wobei auffällt, dass unsere europäischen Nachbarn offenbar die zweimal errungene Deutsche Einheit ignorieren und ganz verschiedene Namen für uns »Deutsche« bereithalten. Für die Polen und Tschechen sind wir die »njemze«, die Stummen. Franzosen und Spanier reden von den »Alemannen«, die Finnen von den »Sachsen«. Im Schwyzerdütsch kann es zu dem problematischen Sammelbegriff »Schwaben« kommen. Für die Engländer sind wir bekanntlich »Germanen«, was seit Tacitus viel bedeuten kann, nämlich eine Vielfalt von Stämmen zwischen Rhein und Weichsel. Die Italiener kommen uns mit ihrem »tedesco« am nächsten, denn sie greifen mit dieser Bezeichnung nach der Wurzel des Begriffes »deutsch«. »Diu«, das Volk, und »diutisc«, was so viel wie »zum Volke gehörig« heißt. Das deutsche Volk bedeutet, streng genommen, also das »völkische Volk« und ist damit nicht nur ein Pleonasmus, sondern auch grober Unfug.

Es ist mir ein Anliegen, an dieser Stelle auf den Mauerfall und das Ende der DDR hinzuweisen. Die Leipziger Montagsparole »Wir sind das Volk« war nicht nur genial, da sie im Land der volkseigenen Betriebe und der Volksarmee dem Marxismus-Senilismus der Honeckers und Mielkes mit einem Ruck den Volksteppich unter den Füßen wegzog, sie war auch mit Hinblick auf den Gebrauch des Wortes »Volk« politisch präzise. In einer Demokratie entscheidet nun mal das Volk. Aber der griechische »Demos« der Demokratie ist keine ethnische Kategorie, sondern eine der Bürgerrechte. Wenig später wurde diese erfrischend souveräne, für deutsche Verhältnisse geradezu revolutionäre Parole durch das gemütlichere »Wir sind ein Volk« ersetzt – Einheit vor Revolution! Der Westen verstand das als Einladung zu einer mehr oder weniger freundlichen Übernahme des Ostens. Alle, die Einwände vorbrachten oder denen das Tempo zu forciert erschien, wurden bei den Wahlen 1990 abgestraft. Deutschland eilig Vaterland! Oskar Lafontaine ging als Kanzlerkandidat mit seiner Kritik am Einigungsvertrag baden und die Grünen, das Ökogewissen der alten Bundesrepublik, schafften es im deutschen Jubeljahr nicht ins Parlament. Helmut Kohls Strickjacke der Deutschen Einheit war auf dem Weg ins Haus der Geschichte.

Deutschland ein Frühlingsmärchen: Noch vor der Vereinigung der beiden deutschen Staaten im Herbst 1990 wurde die DDR medial aufgelöst: Überall konnte man sehen, hören und lesen, wie verrostet und verrottet das Objekt der Begierde eigentlich war. Fazit: Hier konnte nur noch mit der Abrissbirne saniert werden. Trotzdem wurden aus der Konkursmasse der »DDR zu treuen Händen« noch erstaunliche private Gewinne auf gesamtdeutsche Kosten erzielt. Für eine Abrechnung unserer Brüder und Schwestern mit ihrem Regime war keine Zeit. Die Regierungspresse drückte aufs Tempo und bemühte immer wieder das starke Bild von der ratternden Eisenbahn: Der Zug der Deutschen Einheit ist nicht mehr aufzuhalten. Auch nicht von Günter Grass. Es war höchste Eisenbahn und von

Michail Sergejewitsch Gorbatschow wusste man: »Wer zu spät kommt, den bestraft das Leben.«

Was die »DDR« bei ihrer »Ausreise« nach Deutschland mitnehmen durfte, waren nur ein paar Habseligkeiten, wie das sympathische Ampelmännchen und der grüne Pfeil zum Rechtsabbiegen bei Rot. Die radikale Linke hatte vergeblich gegen Deutschland als Ganzes protestiert: »Deutschland muss zweigeteilt bleiben, ein Arsch hat immer zwei Hälften.« Das war politischer Karneval. Aber es ging noch absurder: Günter Grass hielt die Teilung Deutschlands als Strafe für den Holocaust für gerechtfertigt. Ein mildes Urteil! Wer hat das gefällt? Der Schriftstellerverband oder der Weltgeist?

Um zwei deutsche Staaten als Strafe zu empfinden, fehlt mir die nötige Portion Nationalismus. Ich halte es mit Golo Mann, der zur Hauptstadtfrage 1989 lakonisch bemerkte: »Berlin hat uns kein Glück gebracht.« Ich halte mich an Europa. Meine Generation wurde gründlich darauf vorbereitet. In den 70er-Jahren trainierte uns Camillo Felgen mit seinem »Spiel ohne Grenzen«: Deutsche, Italiener, Franzosen und Holländer spritzten sich gegenseitig nass und kamen sich näher. Es folgte Hans-Joachim Kulenkampff mit dem Eurovisions-Quiz »Einer wird gewinnen«. Das waren noch Titel! EWG: Europäische Wirtschaftsgemeinschaft. Einer wird gewinnen. Wir konnten nicht ahnen, dass wir das sind. 25 Jahre nach dem Mauerfall dominiert Exportweltmeister Deutschland Europa mit leicht widerwilligem Gesichtsausdruck. Wir sind zur Dominanz verdammt. Die Geschichte spielt verrückt.

Vor 40 Jahren hieß es noch: »Man hat die Deutschen entweder an der Gurgel oder zu Füßen.« Als die Mauer fiel, hatte

Europa größte Bedenken. Ein vereintes Deutschland, ist das nicht ein 900-Pfund-Gorilla, der durch das europäische Haus tobt? Maggie Thatcher wurde deutlich: »Zweimal haben wir die Deutschen besiegt, jetzt sind sie wieder da!« François Mitterrand warnte vor der harten D-Mark: »Die Deutschen haben zwar keine Atombombe, aber sie haben die Bundesbank!« Ein Vergleich, der kräftig hinkte und doch irgendwie ins Ziel kam. Für das »Glück des Ganzen« versprach Deutschland, die D-Mark zu opfern und sich €uropäisch einbinden zu lassen. Niemand hat das schöner ausgedrückt als der spätere Eurokommissar Günter Verheugen. »Ein starkes, geeintes Deutschland kann leicht – die Geschichte lehrt es – eine Gefahr für sich selbst und andere werden.«

Großbritanniens Kassandra orakelte hingegen in der Downing Street No. 10: »Europa wird es einmal so gehen wie der Mosel, sie windet sich und windet sich und mündet dann doch in den Rhein!« Das erinnert doch stark an die Befürchtungen eines Wilhelm v. Humboldt aus dem Jahre 1813: »Ein einiges und einziges Deutschland wäre unweigerlich auf Eroberungen aus, was kein echter Deutscher wollen kann.« Da spricht die Kulturnation! 200 Jahre später ist das »einzige Deutschland« aus dem Schatten Hitlers herausgetreten und wähnt sich zur Dominanz verdammt. Wir müssen Europa führen, obwohl wir nicht mehr führen können. Die Geschichte spielt verrückt.

Die Verwandten sind frei
Für Christian Kuno Kunert

Seit 1989 haben wir endlich eine Revolution! In Leipzig er-
schallte der Ruf: »Wir sind das Volk!« Die Betonung lag eindeutig auf »wir« und es war die kürzeste und wirksamste Antwort auf die Machtfrage in der hinfälligen DDR. Der Souverän
hatte gesprochen und das Politbüro hatte verstanden: keine
Volkspolizei gegen das eigene Volk.

Kaum war die Mauer gefallen, rief das Volk: »Wir sind ein
Volk!« Ja, was für ein Volk? *Ein* Volk! Ein klarer Fall: Einheit
geht vor Revolution. Das Volk, der Souverän der Deutschen
Demokratischen Republik, verschwand ebenso schnell, wie er
aufgetaucht war. Übrig blieb die Drohung, das Feld zu räumen
und rüberzumachen: »Kommt die D-Mark, bleiben wir,
kommt sie nicht, gehen wir zu ihr.« War das nicht ein Ultima-
tum an eine Regierung, die man gerade revolutionär, aber un-
blutig gestürzt hatte? Nein, niemand hatte die Absicht, eine
Regierung zu stürzen. Das Volk hatte sich mit Kochtöpfen
und -löffeln bewaffnet und war vor das Haus des Staatsratsvor-
sitzenden Erich Honecker gezogen, der daraufhin nach Moskau floh.

Die Übergangsregierung Hans Modrow ersuchte die
Schwestern und Brüder im Westen um einen Stabilisierungs-
kredit von 15 Milliarden. Die Antwort kam aus vorbestraftem
Munde. Otto Graf Lambsdorff ließ den Paten raushängen:
»Wir wollen nicht, dass die mit unserem Geld weiter DDR
spielen.« Bundeskanzler Helmut Kohl versprach blühende
Landschaften. Die Bevölkerung der DDR wählte im März

1990 eine Regierung der nationalen Abwicklung. Die DDR löste sich sang- und klanglos auf und die neuen Bundesländer schlossen sich nach Artikel 43 GG der Bundesrepublik an. Im Mai 1995 wurde in Cottbus die Bundesgartenschau eröffnet.

Berlin, Berlin, wir fahren nach Berlin
Ein Nachruf auf das Jahr 2005

Schade, dass sich Kardinal Joseph Ratzinger nicht in Papst Silvester IV. verwandelt hat! Die deutschen Katholiken könnten es mit gutem Grund und ohne schlechtes Gewissen heute Nacht noch einmal richtig krachen lassen! Statt der faden Benedikt-Torte gäbe es urbi wie orbi original Marktler Silvester-Raketen mit weihrauchveredeltem Schwarzpulver und vatikanischem Goldregeneffekt – made in China. Für die Chinesen wäre es pyrotechnisch ein Leichtes, uns frohe Botschaften des identitätsstiftenden Schwachsinns wie »Wir sind Papst« oder »Du bist Deutschland« als Silberstreif an den Horizont zu ballern.

Bye-bye 2005! Es war ein tolles Jahr! Ein Zweipäpste- und Zweikanzlerjahr! Wann hat es das zum letzten Mal gegeben? 1963! Adenauer musste damals im biblischen Alter seine Karriere widerwillig beenden. Ihm haben wir neben dem Wirtschaftswunder und der Deutschen Teilung das inoffizielle Motto der Fußballweltmeisterschaft 2006 zu verdanken: »Fußball ist der Arzt am Krankenbett der Nation!« Aufschwung, sinkende Benzinpreise, Eigenheimzulage, Vollbeschäftigung, allgemeine Wehrpflicht und satte Gewinne an der Börse kann es nur geben, wenn Deutschland wieder Weltmeister wird. Klar, wir wollen Weltmeister werden. Aber Wollen allein ist zu wenig! Diesmal *müssen* wir Weltmeister werden. Deutschland braucht den großen Ruck, allerdings hätte ein frühes Ausscheiden in der Vorrunde auch sein Positives: Gerhard Mayer-Vorfelder müsste zurücktreten. Wäre es das nicht wert, gegen Costa Rica zu verlieren? Es wäre auch ein kleiner Abschied vom Größenwahn, der in deutschen Landen bei besonderen Anlässen immer wieder mal aufblitzt. An dieser Stelle auch ein herzliches bye-bye Joschka! 14000 grüne Buskilometer Abschiedstour für unser grünes Stresemännchen. Eine Mischung aus Waterloo (»Die Garde stirbt, aber sie ergibt sich nicht!«) und Gemütlichkeit (»Ich gehe jetzt nach Hause!«) – filmreif! Genauso wie unser neuer Teilzeitoligarch Gerhard »ich sag' jetzt mal« Schröder!

Wie schwer hat sich der Kanzlerdarsteller damit getan, das Wahlergebnis vom 18. September arithmetisch zu würdigen. Unter Wirklichkeitsverlust muss man nicht leiden, man kann ihn auch genießen.

Allein der Wahlkampfauftakt, die unechte Vertrauensfrage – das war großes Schmierentheater unter Beteiligung aller Verfassungsorgane! Unvergessen die große Notstandsrede des Bundespräsidenten: Wir sind zu alt, wir haben zu wenig Kinder. Wir haben keine Wahl. Wir müssen wählen! Witzig auch die juristische Lachnummer aus Karlsruhe: Die Unechtheit der Vertrauensfrage lässt sich nicht beweisen. Entscheidend ist der gefühlte Vertrauensverlust des Kanzlers. Der Artikel 68 GG als Scherzartikel? Klasse! Ja, und die Wahl? »So wichtig wie die von 1949!« (Merkel) Und: »Eine große Koalition wird es nicht geben.« (Nochmal Merkel) Im Juli schien an der demoskopischen Front alles klar: Angela Merkel (schon wieder!) hatte ein 50%-Soufflé im Ofen. Aus einer Mischung von Neugier und Vorfreude hat sie dann allerdings zu oft die Klappe aufgemacht. Schröder nutzte die Chance für eine Herzblutkampagne! Eine Nostalgieattacke auf den anonymen Sozialdemokraten in uns. Oh, das Herzblut hat uns gerührt, obwohl wir ja mit Heide Simonis wissen, dass die SPD kein Herz mehr hat, das noch bluten könnte.

Egal! Die SPD kam wieder aus dem Keller und Merkel sackte auf peinliche 35%, aus denen sich gerade noch der Anspruch auf die Kanzlerschaft herausdestillieren ließ! Die Folgen sind bekannt: Ein flotter Zweier mit Münte, Große Koalition und demnächst Fusionsverhandlungen von CDU und SPD. Sonst noch was? Ach ja, Wolfgang Schäuble ist wieder mal Innenminister und denkt daran, die Bundeswehr bei Länderspielen einzusetzen. Oder einzuwechseln? Wovon träumt der Mann? Deutsche Krisenspezialkräfte kämpfen sich ins Endspiel? So könnten wir es schaffen! Nur so! 2006 kann kommen! Die Welt zu Gast bei Wahnsinnigen. Das wird ein Fest!

Griechischer Wein

Seit Beginn der Finanz- und Bankenkrise leben wir nicht mehr in Europa. Wir leben in der €-Zone. Europa war einmal. Frau Merkel fliegt nach Athen und stellt vor der Akropolis ein Sparschwein auf. Ein kleines Merkelferkel, verbunden mit der geharnischten Aufforderung, eisern zu sparen und gleichzeitig das Konsumieren nicht zu vergessen. Die griechische Regierung gab sich bis zum Ausbruch der Krise alle Mühe, Geld in Umlauf zu bringen: Sie kaufte – gegen branchenübliche Schmiergelder – deutsche Waffen. Bevorzugt den Leopard II – ideal für die Landesverteidigung, denn dieses deutsche Wunderding fährt notfalls auch mit Olivenöl.

Wie soll ein Land wie Griechenland eigentlich das alles bezahlen, was Exportweltmeister Deutschland auf Kredit ins Land pumpt? Mit Schafskäse? Wein? Wie lange muss eine deutsche Familie auf Kreta Urlaub machen, bis das Geld für einen Leopard II zusammenkommt? 500 Jahre? Pi mal Daumen reichten bei einem Steuersatz von moderaten 20% etwa 10 000 Familien mit einer Konsumkraft von 4000 € pro Monat, um innerhalb von zehn Jahren 1 Milliarde Steuergelder zu generieren. Zur schnelleren Finanzierung wäre es auch denkbar, 2,5 Millionen Deutsche vierzehn Tage lang auf die griechischen Inseln zu schicken!

Im Gegenzug müssten sich reiche Griechen verpflichten, weiterhin die Porsche-Performance der steuerfreien Jahre vor der Krise aufrechtzuerhalten. Damals brillierte Porsche in Athen mit einem äußerst erfolgreichen Autosalon. Laxe Steuergesetze heizten die Konjunktur an. Leider nicht in Griechenland, sondern in Deutschland. Da der griechische Staat von seinen wohlhabenderen Bürgern zu wenig Geld bekam, holte er sich das ersatzweise mit Staatsanleihen ins Haus. Diese wurden auch von deutschen Banken gezeichnet und gingen mit der Krise bekanntlich in den Keller. Glücklicherweise verfügt nicht nur die amerikanische »Federal Reserve«, sondern auch die Europäische Zentralbank über die Fähigkeit der *creatio ex nihilo,* der Geldschöpfung aus dem Nichts! So wandten sich deutsche Banken, die auf ihren faulen griechischen Staatsanleihen saßen, vertrauensvoll an die EZB, und diese half mit druckfrischem Geld gegen Hinterlegung der faulenden Staatspapiere, die allerdings nebenbei hohe Zinsen abwarfen. Der Reiz war natürlich groß, mit dem frischen Geld gleich wieder griechische Anleihen zu kaufen und auf die Rettung Griechenlands zu spekulieren. Rein ökonomisch betrachtet, hätte die EZB das frische Geld auch direkt an Porsche überweisen können, mit der Auflage, ihren Athener Salon zu schließen und die Autos zu verlosen.

Ja, hätten die Griechen noch ihre alte Drachme, dann könnten sie als souveräne Nation die Drachme abwerten, Importe verteuern und Exporte verbilligen. Aber Griechenland liegt ja in der €-Zone. Läge Griechenland in Europa, würden die Europäer respektvoller mit ihm umgehen.

Immerhin verdankt Europa Griechenland seine Denkkultur. Was wäre in deutschen Krankenhäusern ohne den Eid des Hippokrates los? Was bei den Psychotherapeuten ohne Ödipus? Man denke an die Mythen: Prometheus, der Titanen einer, raubt den Göttern das Feuer und bringt es zu den Menschen. Der wutentbrannte Zeus ergreift Prometheus und schmiedet ihn an den Kaukasus. Jeden Tag kommt ein Adler angeflogen und hackt mit seinem Schnabel ein Stück aus der Leber des Titanen. Doch nachts wächst die Leber wieder nach. Über dreitausend Jahre vor dem Auftauchen der ersten Grünen erscheint hier die Idee von nachwachsenden Rohstoffen! Denken Sie an den Hades, die Hölle der Griechen. Keine stinkenden Feuer auf Kohlebasis! Kein Schwefel! Keine Jauche! Nein, die Griechen haben eine Hölle auf Wasserbasis. Ihre Seele ruht im Wasser. Der Hades ist eine Wellnesshölle. Gäbe es einen Hell Design Award, die Griechen würden ihn gewinnen. Best Hell on Earth!

Deutsche Innereien

»Wir dürfen uns beglückwünschen, Herr Reichskanzler, wir haben ein Volk! Dieses Volk ist immer
dort, wo nichts zu holen ist als Wahnsinn, nichts
zu finden ist als Nacht.«
Heinrich Mann an Gustav Stresemann, 1923

Organversagen

»Findet ein Antrag des Bundeskanzlers, ihm das Vertrauen auszusprechen, nicht die Zustimmung der Mehrheit der Mitglieder des Bundestages, so kann der *Bundespräsident* auf Vorschlag des Bundeskanzlers binnen einundzwanzig Tagen den *Bundestag* auflösen. Das Recht zur Auflösung erlischt, sobald der Bundestag mit der Mehrheit seiner Mitglieder einen anderen *Bundeskanzler* wählt.« (Art. 68 GG)

Epochen sind bekanntlich nicht aus sich selbst heraus zu verstehen und für ihr Verständnis ist es gut, dass sie zu Ende gehen.

Am 1. Oktober 1982 war die Zeit wieder einmal reif für einen epochalen Schlusspunkt! Der Weltgeist und die freien Kräfte der deutschen Wirtschaft beschlossen, nach acht Jahren den Weltökonomen und hanseatischen Nautiker Helmut Schmidt von der Regierungsbank zu schubsen. Ausführendes Organ des höheren Willens waren die wendehalsigen Freien Demokraten, eine Partei, die den politischen Kurswechsel perfekt beherrschte, bis sie 2013 auch das Kentern in ihr Programm aufnahm. Dr. Helmut Kohl inszenierte im Parlament das berühmte Misstrauensvotum, die erzwungene Vertrauensfrage. Schmidt scheiterte, nahm den Abschied mit Fassung und Kohl wurde Kanzler.

Wenig später erfolgte der nächste Streich. Am 17. Dezember 1982 gelang es Helmut Kohl, mit einer durch und durch verlogenen Vertrauensfrage Neuwahlen anzuzetteln, um die Restlaufzeit der Legislaturperiode abzubrechen und in den Genuss von vollen vier Jahren Kanzlerschaft zu kommen.

Es ist schon ein Unterschied, ob man durch freie und allgemeine Wahlen Kanzler der Deutschen wird oder seinen Erfolg dem intriganten Spiel einer machtversessenen Kleinpartei verdankt. Diesen Leidensdruck haben alle von der CDU ins hohe Amt gehievten Richter des Bundesverfassungsgerichts klar erkannt und entsprechend gewürdigt.

Im Missbrauch des Grundgesetzes Artikel 68 war Helmut Kohl 1982 ein Pionier. Nach dem Geiste des Artikels 68 GG soll die Regierung von einem »stetigen Vertrauen der Mehrheit« getragen werden. Am Tage seiner Vertrauensfrage war Kohl eindeutig ein Mehrheitskanzler. Abstimmungsniederlagen waren nicht zu befürchten. Kohls Frage nach dem Vertrauen zielte eindeutig auf das Gegenteil: durch simuliertes Misstrauen zu Neuwahlen. So jedenfalls hatten CDU/CSU und FDP es bereits vor dem Misstrauensvotum vom 1. Oktober 1982 verabredet. Seitdem sprechen Juristen von der unechten Vertrauensfrage nach Artikel 68 GG.

Zur historischen Ehrenrettung dieses Artikels sei gesagt, dass er eigentlich der Stabilität des Systems dienen soll. Der Geist des Grundgesetzes ist defensiv und versucht, mit Blick auf Paul von Hindenburg und Weimars Artikel 48, der dem Reichspräsidenten die Auflösung des Reichstages gestattete, staatlichen Auflösungserscheinungen vorzubeugen. Diesen Geist atmet auch das Staatsorgan Bundesrat, das in den letzten zehn Jahren zum hocheffizienten föderalen Blockadebollwerk weiterentwickelt wurde. Schuld daran ist nicht die Politik, sondern allein der deutsche Wechselwähler. Erst wählt er Gerhard Schröder. Dann reut es ihn und er wählt auf Landesebene die CDU, bis es kracht. Wird dann endlich Angela

Merkel Kanzlerin, dauert es nicht lange, und es reut ihn abermals. Politischer Wechsel ist in diesem Land nicht eine Frage von Hoffnungen, sondern von Enttäuschungen. Wahlen sind in Deutschland seit Kohl die Fortsetzung von »Schuld und Sühne«: Schröder war die Strafe für Kohl und Merkel ist die anhaltende Strafe für Schröder. Die Strafe für Merkel kann 2017, hundert Jahre nach der russischen Oktoberrevolution, eigentlich nur Sahra Wagenknecht heißen.

Das Rentengewölbe

Babyboomer, ein schreckliches Wort! Kinderschwemme? Noch schrecklicher! Aber wie sollen wir unsere Generation nennen? Wir sind die fleischgewordene Lebensfreude der davongekommenen Hitlerjugend und wir haben ein Problem: Wir sind einfach zu viele. Unsere Rentenansprüche können nicht befriedigt werden, denn wir haben uns nicht gebührend vermehrt. So langsam geht es auf die Rente zu und wir kommen nicht in den Genuss von Beruhigungsmitteln, wie sie Norbert Blüm anzubieten hatte. Der Minister für Arbeit und Soziales unter Helmut Kohl hatte sich mit seinem berühmt gewordenen Slogan »Denn eins ist sicher: Die Rente« allgemein beliebt gemacht und sich so für allerlei öffentlich-rechtliche Ratespiele im Fernsehen empfohlen.

In finanziellen Herzensangelegenheiten ist die gefühlte Sicherheit Trumpf. Der aufkeimenden Unruhe des deutschen Sparers trat die große Koalition 2009 mit einer Sicherheitsgarantie für das deutsche Sparbuch und ähnlich konservativen Einlagen entgegen. Da gleichzeitig der Kapitalmarkt mit unvorstellbaren Geldmengen geflutet wurde, sanken die Zinsen. Und seitdem nagt die Inflation vorsichtig, aber nachhaltig an gutbürgerlichen Guthaben. Gold, das Rost und Motten nicht verzehren, wurde als Überlebensanlage wiederentdeckt. Aber ein mulmiges Gefühl bleibt. Gold ist gut bei Katastrophen. Kommt der Crash? Reicht das Gold? Ist es auch geschickt gestückelt? Auf keinen Fall große Barren, sonst muss im Notfall die Laubsäge ran, um die Zahlungsfähigkeit zu garantieren.

Wer ein echtes Überlebenspaket schnüren will, der sollte auch an Langzeitkonserven, Trinkwasser und »Guerilla Gardening« denken. Der Schrebergarten für die Selbstversorgung sollte gesichert sein. Zur Autonomie gehört deshalb auch die Schusswaffe, am besten eine wartungsarme Kalaschnikow, um bei Meinungsverschiedenheiten die besseren Argumente in die Diskussion einzubringen. Also Gold allein schafft noch keine Sicherheit. Aber irgendwo muss das Geld ja hin. Und es ist viel davon da. Also Aktien her! Der DAX schwindelt sich bei mäßiger Konjunktur in unerreichte Höhen. Die nächste Blase platzt bestimmt! Wann soll man aussteigen? Und wohin dann mit der Kohle? Wie sicher waren doch die Bundesschatzbriefe der alten Bundesrepublik mitten im Kalten Krieg.

Als Kind habe ich immer gedacht, wenn es Schatzbriefe gibt, dann muss auch irgendwo der dazugehörige Schatz versteckt sein. Vielleicht liegt er in einer Bundesschatzkammer, einem riesigen Kellergewölbe unter dem Finanzministerium. Da lebt auch das berühmte Huhn, das in den 70er-Jahren goldene Eier legte. Nein, nicht in Käfighaltung, sondern freilaufend! Tagsüber scharrte es im Garten des Finanzministers und abends ging es in den Keller und legte sein goldenes Ei. Ab und zu kamen besorgte Menschen vorbei und wollten sich nach ihrer Rente erkundigen.

Der Finanzminister ließ es sich nicht nehmen, höchstpersönlich die Sorgen zu zerstreuen, und führte die ängstlichen Besucher ins Kellergewölbe. Er öffnete die schwere Tresortür zum Rentengewölbe: »Darf ich Ihnen mal Ihre Rente zeigen? Bitte, nach Ihnen! Wie ist Ihr Name und wo sind Sie geboren?« Er suchte das persönliche Rentenschließfach und hatte es schnell gefunden. »Wie lautet Ihr sechsstelliges Geburtsdatum?« Das war die Geheimzahl, der Minister gab sie schnell ein und öffnete das Fach: Tatsächlich, da lag ein dickes Geldbündel. Einmal im Monat legte der Finanzminister einen Hundert-Euro-Schein obendrauf und der Vertreter der Arbeitgeber einen zweiten. Und das schon seit Jahren. Am Ausgang des Gewölbes lasen die zufriedenen Besucher in Stein gehauen und mit echtem Gold ausgemalt: »Denn eins ist sicher: Die Rente«.

Alarmstufe Grün

Heutzutage springen wir nicht mehr wegen jeder Öko-Katastrophe gleich auf die Straße und demonstrieren. Das liegt daran, dass der konsequent gelebte Alarmismus im fortgeschrittenen Alter auf die Knochen geht und sich zunehmend die Bereitschaft einstellt, auch Entwarnungen zu würdigen. 1980 alarmierte der SPIEGEL mit einem Titelaufschrei die ökologisch sensibel gewordene Öffentlichkeit: Der Wald stirbt! Man muss die deutsche Sprache allein schon wegen ihrer Substantivkompositionen lieben. Paul Gerhardts Gedicht »Nun ruhen alle Wälder« hat die Waldesruh' hervorgebracht, aber »Ewig singen die Wälder« kein Waldsingen. Aber wenn es sauer in die deutsche Romantik und ihren Wald regnet, dann muss ein neues Wort her: Waldsterben!

Dieses Wort dominierte unangefochten die Katastrophen der 80er-Jahre und machte sogar im eher ökophoben Frankreich Karriere: Le waldsterben! En France le waldsterben n'existe pas, mais en Allemagne! In Deutschland dichtete der Förster aus dem Silberwald: »Adieu, du lieber Wald, ich denk wir folgen bald!« Auf solch moribunde Weltuntergangslyrik reagierte Klaus Theweleit, der Autor der »Männerphantasien«, ungehalten: »Wenn der deutsche Wald stirbt, wohin sonntags mit den Faschisten?« Für einen gelernten 68er war das Waldsterben nur ein Nebenwiderspruch des Kapitalismus. Aber die Industrie reagierte. Schlote wurden entschwefelt und der Katalysator wurde zum Terminator des schlechten Autofahrergewissens. Die Luft wurde besser, noch bevor der Rußpartikelfilter auch den Dieselfahrer moralisch entlastete. Agrarministerin

Renate Künast erklärte 2003 das Waldsterben für beendet. War das Waldsterben letztlich ein blinder Alarm, der die Grünen ins Parlament brachte?

Willy Brandt kommentierte die Gründung der Grünen mit den Worten: »Es gibt keine Notwendigkeit für einen ökologischen Standpunkt außerhalb der SPD.« Diese Expertise stützte sich auf eine Wahlkampfrede aus dem Jahre 1961 (!), die Brandt in der Bonner Beethovenhalle hielt: »Erschreckende Untersuchungsergebnisse zeigen, dass im Zusammenhang mit der Verschmutzung von Luft und Wasser eine Zunahme von Leukämie, Krebs, Rachitis und Blutbildveränderungen sogar schon bei Kindern festzustellen ist. Es ist bestürzend, dass diese Gemeinschaftsaufgabe, bei der es um die Gesundheit von Millionen Menschen geht, bisher fast völlig vernachlässigt wurde. Der Himmel über dem Ruhrgebiet muss wieder blau werden!« Die SPD war also – lange, bevor es die Grünen überhaupt gab – bereits ökologisch sensibilisiert. Leider konnte sie ihre Empathie für die Umwelt nicht aus der Opposition in die Regierung hinüberretten. Ostverträge, Berufsverbote und die Subvention der Ruhrkohle haben sich leider in den politischen Vordergrund gedrängt und die ökologischen Kräfte der Sozialdemokratie gebunden.

Mit Helmut Schmidt folgte auf Brandt ein Kanzler, dessen ökologisches Interesse vor allem von seiner botanisierenden Frau Loki wahrgenommen wurde. Einen Umweltminister gab es erst 1986 unter Helmut Kohl, und auch das nur, weil es nach dem Super-GAU von Tschernobyl in deutschen Landen Isotope regnete und die Grünen im Bundestag ökologische Themen besetzten.

Über 20 Jahre nach Brandts Vision vom blauen Himmel war die Zeit reif für Grün. Der Erfolg der ehemals verlachten Windräder zeigt es: Die Grünen haben die Republik verändert. Aus dem ideologischen Gemischtwarenladen und ökologischen Komposthaufen ist eine erfolgreiche Partei hervorgegangen, die inzwischen gründlich vergessen hat, dass sie aus den Bürgerinitiativen der 70er-Jahre heraus entstanden ist. Nach dem Triumph bei den baden-württembergischen Landtagswahlen, zwei Wochen nach der Kernschmelze von Fukushima, wähnten sich die Grünen schon als Volkspartei.

Die Bundestagswahl im September 2013 zeigte dann aber deutlich: Es gibt offenbar doch mehr grün fühlende als grün wählende Menschen, denn die Wählerschaft in Baden-Württemberg halbierte sich mit einem Schlag. Baden-Württemberg ist schwarz. Wie lange haben wir in Baden-Württemberg noch einen grünen Ministerpräsidenten? Einen Konservativen, von dem die CDU nur träumen kann? Einen Mann, der langsamer spricht, als er denkt, und der alle Silben, die Günther Oettinger jemals verschluckt hat, in voller Dehnung wieder rausbringt?

Deutschland schafft sich ab und Österreich schaut zu

Der Sozialdemokrat und Hobby-Eugeniker Thilo Sarrazin hat nicht nur die überholten Mendelschen Gesetze reformiert, er hat auch mit spitzem Bleistift das Ende der Deutschen hochgerechnet. In 300 Jahren gibt es noch 2 Millionen Deutsche. Sarrazin bricht hier – vermutlich unter Schock – seine Berechnungen ab. Ich habe mir erlaubt, mit seinem Formelwerk weiterzurechnen. In 500 Jahren gibt es noch 70 000 Deutsche, die alle nach München ziehen. Der Rest von Deutschland wird vermietet. In der Allianz-Arena in München findet wöchentlich die Generalversammlung des Deutschen Volkes statt. Direkte Demokratie wird endlich möglich. Vor jedem Euroliga-Heimspiel der Bayern wird die Regierung im Amt bestätigt oder abgewählt. In 1000 Jahren leben noch etwa 500 Deutsche rund um den Viktualienmarkt und die Generalversammlung zieht ins Deutsche Museum um. Bei der Fußballweltmeisterschaft 3402 in der Türkei kriegen wir keine Elf Freunde mehr aufs Feld und müssen mit einem gemischten Team antreten. Man kann sich auch ohne die Sarrazin-Formel an fünf Fingern abzählen, dass es dann nicht mehr lange dauert, bis die BILD-Zeitung zum letzten Mal erscheint: »Letzter Deutscher impotent im Dschungelcamp!«

Director's Cut

Kabarettisten haben Angst vor der großen Flaute, vor einem gigantischen Sommerloch, das sich durch Herbst und Winter in den nächsten Frühling hineinfrisst und sich mit dem Sommerloch des kommenden Jahres zu einem gigantischen politischen Tiefdruckgebiet vereinigt, das über Jahre hinweg lähmende Langeweile verbreitet. Im Jahre des Herrn 2012 schien es soweit gekommen zu sein. Ein Sommerloch von ungeahnter Größe breitete sich über Deutschland aus.

Doch plötzlich, wie aus dem Nichts, war ein Thema da: Die Beschneidungsdebatte. Da flogen die Fetzen. Ist die Beschneidung des Membrum virile Körperverletzung? Die Politik will Ruhe, inneren Frieden und Außenhandel. Also schnell ein Gesetz her und das Thema vom Tisch: Beschneidung ist und bleibt Körperverletzung, die aber nicht bestraft wird, wenn sie vom Fachmann begangen wird. Ist das nicht ein Widerspruch? Ein Dobermannwelpe genießt das Recht auf körperliche Unversehrtheit. Ihm schneidet niemand mehr ungestraft die Ohren spitz. Aber einem Säugling am Pimmel herumzuschnippeln, das soll erlaubt sein?

Wie sooft entscheiden Juristen nach Abwägung der Güter. Persönlichkeitsrechte gegen Identitätsangebot? Bürgerliches Gesetzbuch gegen göttliche Empfehlung? Das Grundgesetz der Bundesrepublik ist keine 70 Jahre alt. Dagegen steht ein Ritual, das seit 3000 Jahren Bestand hat. Schriftlich verbürgt ist, dass König Saul von David 100 Philister-Vorhäute als Brautpreis für seine Tochter Michal forderte und der jugendliche Bezwinger Goliaths gleich 200 Trophäen lieferte.

Nun könnte man kulturgeschichtlich einwenden: Was im Wilden Westen die Kopfhaut war, dafür musste im Nahen Osten die Vorhaut herhalten. Das greift zu kurz, denn die Beschneidung hat einen tiefen Sinn, der sich im Alten Testament offenbart.

Wie war das noch mal? Gott befiehlt dem Stammvater Abraham, seinen Sohn zu opfern. Abraham denkt: ›Was ist denn das für ein Gott, der Menschenopfer will? Sind wir jetzt bei den Inkas?‹ Dann aber legt er, wie ihm geheißen, Sohn Isaak auf den Opferstein, zückt das Messer, zögert, säbelt die Vorhaut ab und ruft: »Das muss reichen, Gott! Mehr Mensch gibt's nicht!« Ich weiß, die Geschichte wird anders erzählt, aber ich würde sie so verfilmen. Natürlich kenne ich die Geschichte im Original: Die Beschneidung besiegelt einen Bund mit Gott. Ein reiner Männerbund. Ein kleiner Schnitt für Abraham, aber ein großer Schnitt für die Menschheit! Der Phallus ist die Schnittstelle Gottes. Und wer die Bibel weiter liest, der merkt schnell, dass es Gott bitterernst ist: »Wenn aber ein Männlicher nicht beschnitten wird an seiner Vorhaut, wird er ausgerottet werden aus seinem Volk, weil er meinen Bund gebrochen hat.« Jesus Christus! Was Gott nicht alles gewollt haben soll! Gott sei Dank hat Gott die Bibel nicht selbst geschrieben. Es wäre ein Grund, vom Glauben abzufallen.

Überraschenderweise hat Josef Joffe in der ZEIT darauf hingewiesen, dass die Beschneidung möglicherweise die Liebe länger macht, was – so Joffe – auch dem lieben Gott gefallen dürfte. So, so! Schaut denn Gott zu? Nein, aber er sieht alles, und der Richter von Köln, der die Debatte ins Rollen brachte,

muss einsehen, dass sein Urteil vor dem Jüngsten Gericht keinen Bestand haben wird. Gott hat die Beschneidung angeord-
net. It's director's cut!

Auf verlorenem Posten

»Die Lage ist hoffnungslos, aber sie ist nicht ernst.«

»Widerstand ist zwecklos –
das heißt aber nicht, dass er aufhört!«
Matthias Beltz

Wie alles anfing

Ich hatte auf Drängen meines Freundes Walter einen Kabarettworkshop des Studium generale im Fachschaftshaus auf Freiburgs Zauberberg, dem Schauinsland, belegt. Sammy Drechsel, der große Kabarett-Impresario, der mit Dieter Hildebrandt 1956 die »Münchner Lach- und Schießgesellschaft« gegründet hatte, erzählte kleine Zoten und Anekdoten aus seinem Leben. Wie man Kabarett macht, das wurde nicht verraten. Wir bekamen auch nichts Schriftliches in die Hand. Nicht mal verbale Vorübungen wurden abgehalten. Wer ein kabarettologisches Proseminar erwartet hatte, sah sich enttäuscht. Aber lustig war's und einige Seminarteilnehmer ließen es sich nicht nehmen, sich mit dem festen Vorsatz, ein Kabarett zu gründen, vom Zauberberg zu verabschieden.

Zu dieser Zeit, kurz nach dem Ende des »roten Jahrzehnts«, schwirrten noch die scharfkantigen Imperative der verlängerten 68er-Diskurse um meinen Kopf herum: »Alles ist politisch!«, »Schluss mit der l'art pour l'art!«, »Du hast ein falsches Bewusstsein!«, »Das ist ein Nebenwiderspruch!« und »Du musst Selbstkritik üben!«, »Revolution heißt dem Volke dienen!«. Ich hatte mir eine Doppel-LP von Hanns Dieter Hüsch gekauft und hörte mir immer wieder seine »Enthauptungen« an. »Wer behauptet das? Ich enthaupte das!« Hüsch rechnete mit der Intoleranz der 68er-Alphatiere ab. Er witterte bei den hyperaktiven Genossen und ihrer Kritik an der bürgerlichen Kultur die Ausdünstungen der chinesischen Kulturrevolution: »Johann Sebastian Bach die Hände abhacken?« Hüsch griff in die Tasten seiner Orgel und sang: »Ja die Gesunden haben's gut, denn sie essen schon zum Frühstück eine Lehre! (…) Daraus wird dann zitiert, wie man die kranken Würmer liquidiert!«

Der große Ideologiebasar der späten 60er-Jahre und seine vor Selbstbewusstsein strotzenden großen und kleinen Marktschreier waren für das politische Kabarett reines Gift. Was soll man auch auf der Bühne, wenn auf der Straße der Teufel los ist? Wenn Seminare besetzt und in Vorlesungen diskutiert wird? Leute wie der sympathische – leider schon verstorbene – Fritz Teufel und der unerträgliche Rainer Langhans hatten, mit medialer Unterstützung, die satirisch-politische Initiative an sich gerissen. Unvergessen bis heute ist die Berliner Gerichtsszene: Der Richter will das Urteil verkünden und fordert Fritz Teufel auf, sich zu erheben. Die Antwort kam kurz und trocken: »Wenn's der Wahrheitsfindung dient!« Die politischen Spaßmacher gerieten unter Politisierungsdruck.

Wolfgang Neuss, bekannt aus Film und Fernsehen, wollte mithalten und sammelte Abend für Abend in seinem Programm für den Vietkong: »Nicht für Waffen, sondern Medikamente, weil ich ja weiß, dass Medikamente auch Waffen sind.« Springers Berlin tobte. Das Kabarett »Bügelbrett« antichambrierte beim Zeitgeist mit »Rot ist die Hoffnung« und bekam vom »Berliner Reichskabarett« die patzige Antwort: »Hör'n se uff, rot zu hoffen, fangen se an, rot zu handeln!« Runter von der Bühne, hinein ins volle Menschenleben. Bald schon zeigte das Reichskabarett Auflösungserscheinungen. 1969 gründete der Texter des Reichkabaretts Volker Ludwig das »Grips-Theater« und widmete sich dem Schreiben von Stücken für Kinder, gemäß der Einsicht: Wer das System verändern will, sollte sich nicht an Erwachsene wenden. Die kann man vielleicht unterhalten, aber nicht mehr ändern. Das Reichskabarett brauchte noch zwei Jahre, um sich 1971 endgültig zu verabschieden.

Neuss hatte schon 1969 versucht, sich mit einem Koffer voller Aufputsch- und Beruhigungsmittel aus der Unterhaltungsbranche nach Chile abzusetzen, und landete dort in Abschiebehaft. Er verschwand aus der Berliner Szene und probierte 1973 bei den gutbürgerlichen »Stachelschweinen« sein Comeback, so wie er nach dem Krieg im »Hansa-Theater« in Hamburg begonnen hatte – als Conférencier. Aber es gab keinen Weg zurück in die Nestwärme des Kabaretts. Neuss zog sich in der Lohmeyerstraße 6 in Charlottenburg auf eine große Haschischwolke zurück: »Ich rauche den Strick, an dem ich sonst hängen würde!« Das war der alte Neuss. In den 80er-Jahren kam dann doch noch ein Comeback. Taz-Redakteur und Hanfenthusiast Mathias Bröckers hatte Neuss ins Gespräch gebracht und nun empfing der fast zahnlose Teiresias, der blinde Seher vom Lützowplatz, jugendliche Bewunderer mit Tee und Shit. Neuss gab kleine, brüchige und bruchstückhafte Kostproben seiner Sprechkunst jenseits von konventionell dechiffrierbaren Inhalten. Neuss, die lebende Ruine des politischen Kabaretts? Er hätte vermutlich gelacht.

Wo lassen Sie denken?

Mich hat es beim Friseur erwischt, beim Lesezirkeltraining, das für alle Kabarettisten obligatorisch ist. Wer wissen will, was in diesem Land wirklich los ist, der kommt an GALA, FOCUS, SPIEGEL und der BUNTEN nicht vorbei. Es ist genau wie beim sonntäglichen »Tatort«: Ekel gilt nicht. Der Pathologe muss sich alles anschauen. Also blättere ich im SPIEGEL und stoße auf eine etwas umständlich formulierte Todesanzeige: Das legendäre deutsche Politkabarett ist von uns gegangen! Hinfort sind Engagement, der Wille zur Opposition und Agitation. Agitation? Ja, Agitation! Das Kabarett ist wieder einmal tot! Wer behauptet, weiterhin politisches Kabarett zu machen, der wird vom SPIEGEL hart bestraft.

Ressortleiter Matthias Matussek ist Spezialist für Strafexpeditionen in die deutschen Kulturreservate. Die Theaterlandschaft wurde bereits heimgesucht, jetzt kriegt die Kleinkunst ihre große Abreibung! Der SPIEGEL präsentiert Jürgen Kessler, den ehemaligen Agenten von Hanns Dieter Hüsch und Chef des Deutschen Kabarettarchivs, als Kronzeugen, der nach 40 Jahren Beihilfe zum Kabarett endlich auspackt: »Das Kabarett ist käuflich geworden, es ist korrumpierbar geworden, es hat seine Ideale verraten!« Ja, so leicht kann man als Sozialdemokrat das Kabarett mit der SPD verwechseln. Wer aber ist in dieser unserer Lach- und Schießgesellschaft *das* Kabarett?

Der SPIEGEL will es wissen und recherchiert. Im Souterrain des Europacenters, unweit der Berliner Gedächtniskirche, werden die original »Berliner Stachelschweine« aufgespürt.

Jahrelang haben hier Schauspieler unter Anleitung eines Regisseurs für ganze Busladungen von Touristen ungestört Kabarett machen dürfen. Damit ist es jetzt vorbei. Matussek lässt gleich die ganze Rotte keulen.

Warum schießt der gute SPIEGEL, das alte »Sturmgeschütz der Demokratie«, in die Ruinen des Nachkriegskabaretts? Da wohnt doch niemand! Warum geht er nicht mit schwerem Säbel in den Nahkampf mit Georg Schramm oder Sigi Zimmerschied? Ist es die Angst, den Kürzeren zu ziehen? Herr Matussek, man möchte Ihnen zurufen: Erst denken, dann schreiben lassen! Reflexion ist nicht immer Sache des SPIEGELs.

Dialektik der Aufklärung

Kabarett, das weiß jeder Feuilletonredakteur, muss etwas wollen! Sonst ist es Kleinkunst oder Larifari. Die Berufsgenossenschaft der kritischen Kabarettisten hat ein Gütesiegel entwickelt. Darauf prangen die drei große Buchstaben: H, H und nochmals H, also Hahaha! Für Hirn, Haltung und Humor. Die Rolle des Hirns im Kabarett wird allgemein überschätzt. Humor – zumal in eigener Sache – ist wichtig, aber das Allerwichtigste ist die Haltung, denn Kabarett ist ein Spiel mit Ziel. Der politische Kabarettist muss eine Absicht haben, er tut aber gut daran, diese Absicht vor dem Publikum so gut zu verstecken, dass er sie auch während einer längeren Vorstellung nicht mehr findet.

Früher war es im Kabarett sehr beliebt, den Spießbürger zu entlarven. Dazu verkleidete sich der Kabarettist selbst als Spießbürger, um den Spießbürger ins Kabarett zu locken. Und siehe da, der Spießbürger kam ins Kabarett und wurde nach allen Regeln der Kunst vorgeführt. Die Intellektuellen im Publikum – also Sie, liebe Leserin, lieber Leser dieser Zeilen – amüsierten sich königlich und zollten dem Kleinkünstler höchstes Lob: »Toll, wie Du den Spießbürger entlarvt hast, große Klasse! Der kommt so schnell nicht wieder!« Der Kabarettist erschrak kurz, beschloss aber fortan, Abend für Abend den Spießbürger zu entlarven. Irgendwann saßen nur noch Spießbürger im Publikum, die sich bestens unterhalten sahen. Die Intellektuellen waren längst abgewandert, vermutlich zum Fußball. So ging das Jahr um Jahr.

Irgendwann haben die Intellektuellen dann mitbekommen, dass sich die Spießbürger im Kabarett prächtig amüsieren. Sie kehrten zurück und lauerten den Spießbürgern vor der Kasse auf: »Warum geht Ihr denn ins Kabarett? Merkt Ihr denn nicht, dass Ihr entlarvt werdet?« Da erwiderten die Spießbürger: »Das mag ja sein, dass wir entlarvt werden, aber dieser Kabarettist ist der Letzte, der zum Neger noch Bimbo sagen darf!« So viel zur Dialektik der Aufklärung.

Der Garderobenagent

Neulich war ich im Publikum und kam in der Pause zurück. Da saß in meiner Garderobe ein netter älterer Herr, grau meliert, etwas overdressed fürs Kabarett. Er trug eine edle dunkle Sonnenbrille.

»Herr Deutschmann, bitte entschuldigen Sie mein Eindringen! Nur auf ein Wort, ich möchte Sie nicht lange aufhalten. Sie wollen zurück zu Ihrem Publikum. Wissen Sie, wir beobachten Sie schon seit einigen Jahren und fragen uns, was Sie mit Ihrem Kabarett eigentlich erreichen wollen? Aufklärung? Gegenöffentlichkeit mit gleichgesinnten SPIEGEL-Lesern? Das alte Sturmgeschütz der Demokratie in Stellung bringen? Den launischen Pflichtverteidiger des Prekariats mimen? Gut, aber das Prekariat kommt nicht in Ihre Vorstellung, niemals! Es kommt die satte Mittelschicht. Nette Leute, wunderbar! Manchmal riecht es in Ihrem Publikum noch nach Helmut Kohl. Da wollen sich tolerante Leute mal eine andere Meinung gönnen! Noch mal herzlich über die Kanzlerin lachen, bevor sie Frau Merkel wieder wählen. Aus Gewohnheit. So wie sie seit Jahren ihr phantasieloses Kreuzchen bei Grün machen. Kabarett über Parteien ist verlorene Lebenszeit! Das verbale Befummeln von Frau Merkel müsste Ihnen doch auf den Geist gehen? Ich frage mich, Herr Deutschmann, was bleibt von so einem Abend? Die Gage, klar! Wie sagte Ihr Kollege Ringsgwandl neulich? ›Die raffgierigsten Bestien sitzen im linken Kabarett, die sogenannten Künstler sind oft abwegig geldgeil.‹ So, Sie meinen, Sie seien nicht käuflich? Aber man kann Sie mieten! Wenn Sie etwas verändern wollen, dann sollten Sie aber nicht auf Kleinkunstbühnen herumstehen! Denken Sie an die Worte des großen Wiener Taubenvergifters: ›Wer Inhalte vermitteln will, sollte sich vom Kabarett fernhalten.‹«

Ich hab den Kerl hinauskomplimentiert. Ich wollte zurück zu meinem Publikum. Aber ich habe immer wieder an diesen Mann mit der dunklen Sonnenbrille denken müssen. Wenn man ein Programm Abend für Abend auf Tournee spielt, dann sackt es ins Stammhirn ab und ist wie Autofahren. Man kann reden und reden und gleichzeitig an was ganz anderes denken!

Mythos Kabarett

Nach dem Ersten Weltkrieg ist wohl der Mythos entstanden, Kabarett könne die Gesellschaft verändern. Ein junger Mann aus der Provinz betrat 1923 die Bretter der »Wilden Bühne«, im Souterrain des »Theater des Westens« in Berlin.

Walter Mehring hatte ihn der Chefin des Hauses, Trude Hesterberg, empfohlen. Ein neuer Zeitdichter, der eigene Lieder zur Laute singt. Der Mann hieß Bertolt Brecht und sang die »Die Legende vom Toten Soldaten, 1918«.

»Und als der Krieg im vierten Lenz
Keinen Ausblick auf Frieden bot,
Da zog der Soldat die Konsequenz
Und starb den Heldentod.«

Schon nach dieser ersten Strophe gab es Unruhe im Publikum, denn dort befand sich eine Ausflugsgesellschaft ostelbischer Landjunker, die nach dem Besuch einer Landwirtschaftsausstellung den Abend in einem Cabaret verbringen wollten. Die Legende behagte ihnen nun gar nicht: Der Soldat liegt im Grab, da erscheint eine militärärztliche Kommission, exhumiert und befindet: Der Mann ist immer noch kriegsverwendungsfähig! In einer Prozession geleiten sie ihn zurück zur Front!

»Sie malten auf sein Leichenhemd
die Farben Schwarz-Weiß-Rot
Und trugen's vor ihm her; man sah
Vor Farben nicht mehr den Kot.«

Kaum hatte sich Kot auf Schwarz-Weiß-Rot gereimt, da schmissen die Junker ihre Sektgläser, Brecht verschwand in den Kulissen und der Vorhang fiel. Tumulte im Parkett. Da trat Walter Mehring vor den Vorhang und wandte sich an das empörte Publikum: »Meine Damen und Herren, das war eine große Blamage, aber nicht für den Dichter, sondern für Sie. Und Sie werden sich eines Tages noch rühmen, dass Sie dabei gewesen sind.«

Die Republik wankte und das Kabarett schwankte zwischen Tingeltangel und Attacke. Die Freikorps, die noch 1919 in Berlin und München für Ruhe und Ordnung sorgten, trugen bereits ein Jahr später – beim Kapp-Putsch – das Hakenkreuz am Helm. Während am Ende der Republik in Berlin Friedrich Hollaender und Rudolph Nelson mit ihren Revuen Triumphe feierten, übte die illegale »Schwarze Reichswehr« in Sowjetrussland bereits das Panzerfahren.

»Es war eine Orgie der Verhetzung, und die Republik war schwach, kaum wahrnehmbar. Das musste mit einem furchtbaren Krach enden …«, schrieb Georg Grosz 1925 in seinem »Spießer-Spiegel«. Zu dieser Zeit hatte sich Kurt Tucholsky bereits nach Paris zurückgezogen und begann zu resignieren. 1931 streute er den Nazis Rosen auf den Weg. Dieses Lied erklang allerdings nie im Kabarett.

»Ihr müsst sie lieb und nett behandeln,
erschreckt sienicht – sie sind so zart!
Ihr müsst mit Palmen sie umwandeln,
getreulich ihrer Eigenart!
Pfeift euerm Hunde, wenn er kläfft –:
Küsst die Faschisten, wo ihr sie trefft!

Wenn sie in ihren Sälen hetzen,
sagt: ›Ja und Amen – aber gern!
Hier habt ihr mich – schlagt mich in Fetzen.‹
Und prügeln sie, so lobt den Herrn.
Denn Prügeln ist doch ihr Geschäft!
Küsst die Faschisten, wo ihr sie trefft.«

Hitler kam. Das Kabarett ging weiter. Allerdings ohne jüdische Künstler. Friedrich Hollaender flieht nach London und
erhält einen britischen Pass, mit dem er sich noch einmal nach
Berlin traut. Als er nach Hause kommt, ist die Gestapo schon
da. Hollaender entwischt mit einem Taxi zum Anhalter Bahnhof. Walter Mehring flieht nach Wien, 1938 nach Südfrank-
reich. Er entkommt 1941 mit knapper Not nach Amerika. Die
deutsche Kultur verlor ihren jüdischen Esprit. Das Kabarett
ging weiter.

1935 fragte Werner Finck den Gestapospitzel im Publikum: »Kommen Sie mit? Oder muss ich mitkommen?«
Finck musste mitkommen. Im KZ Esterwegen traf er Carl von
Ossietzky, den Herausgeber der »Weltbühne«. »Hätte ich nicht
gedacht, Herr Finck«, sagte Ossietzky, »dass wir einmal im
gleichen Lager stehen!«

Finck kam wieder frei, wurde vor Gericht gestellt und musste die inkriminierten Nummern vortragen. Die Richter konnten sich ein Schmunzeln kaum verkneifen und es gab einen Freispruch erster Klasse.

Fortan trat Finck im arisierten Kabarett der Komiker auf und begann seine abendlichen Conférencen mit: »Hier spricht der Finck – leicht gedrosselt!«

Kabarett gab es im Reich bis zur Schließung der Theater im August 1944, und hin und wieder als improvisierte Truppenbetreuung in den Lazaretten.

Kabaretts gehörten nach dem Zweiten Weltkrieg zu den ersten kulturellen Trümmerblüten. Im Frühjahr 1946 organisierte in München ein amerikanischer Offizier, der vor 1933 in der »Berliner Katakombe« aufgetreten war, eine Lizenz für die »Münchener Schaubude«. Erich Kästner schrieb die Chansons für das Nachkriegsprogramm.

> »In den letzten dreißig Wochen
> zog ich sehr durch Wald und Feld.
> Und mein Hemd ist so durchbrochen,
> dass man's kaum für möglich hält.
> Ich trag' Schuhe ohne Sohlen,
> und der Rucksack ist mein Schrank.
> Meine Möbel hab'n die Polen
> und mein Geld die Dresdner Bank.
> Ohne Heimat und Verwandte,
> und die Stiefel ohne Glanz –
> ja, das wär nun der bekannte
> Untergang des Abendlands!«

1947 gründeten Kay und Lore Lorentz in Düsseldorf das
»Kom(m)ödchen«. Man begann in einem Hinterhof. Das nö-
tige Baumaterial wurde der Legende nach gegen eine Leica
getauscht. Ich habe Kay Lorentz in den 80er-Jahren gefragt:
»Was war eure Motivation, damals Kabarett zu machen?« –
»Wir wollten der Welt zeigen, dass nicht alle Deutschen
Schweine sind.«

Mit dem vorzeitigen Ende der Entnazifizierung und dem
Beginn des Kalten Krieges ging die Konjunktur für Kritisches
etwas zurück. Gelegentlich wurden noch Namen von alten
Nazis in neuen Funktionen genannt, aber den Geist der Zeit
hat Konrad Adenauer am besten auf den Punkt gebracht: »Sie
können schmutziges Wasser nicht wegschütten, wenn Sie noch
kein frisches haben.« Und dann kam das Wirtschaftswunder.
Insulanerhäuptling Günter Neumann reimte:

»Die Läden offenbaren uns wieder Luxuswaren,
Die ersten Nazis schreiben fleißig ihre Memoiren«.

Die Deutschen ließen sich nicht nur das Eisbein in Aspik
schmecken, sondern auch die Programme des Düsseldorfer
»Kom(m)ödchens«, der »Münchner Lach- und Schießgesellschaft«. Den »Berliner Stachelschweinen« schrieb Erich Kästner freundlich ins Stammbuch: »Lasst Euch ja nie rasieren!«
Dazu bemerkt der Kabaretthistoriker Klaus Budzinski trocken: »Das besorgten sie dann selber.«

1958 hatte der zurückgekehrte Friedrich Hollaender angesichts der Wiederbewaffnung resigniert und gleich auch noch
den Tod des Kabaretts proklamiert. »Ach du lieber Augustin,

schmeiß deine rote Nase hin!« Es kam anders. Mit dem Fernsehen kam ein Kabarett-Boom. Während die »Lach und Schieß« ihre Pointen abfeuerte, saßen die Objekte ihrer Kritik in der ersten Reihe und amüsierten sich königlich. Die Münchner Kabarettstars wurden gar von Ludwig Erhard zum Tee gebeten. Dieter Hildebrandt: »Wir wurden in Bonn freundlich geköpft!« Mitte der 60er-Jahre, als das Wirtschaftswunder die Luft anhielt, wurden die etablierten Spaßmacher von der folgenden Generation links überholt.

Wolfgang Neuss hatte bereits Maßstäbe gesetzt: Er nützte seine Popularität und warf sich mit Vehemenz in die Vietnamkriegsdebatte: der Kabarettist als Spielverderber – auch das hatte Unterhaltungswert. Neuss rüstete satirisch auf und brachte eine bisher nicht gekannte Härte ins Spiel: Er sammelte während des Programms Spenden für Nordvietnam und bot an, für den Berliner Presseball einen toten Vietkong für die Tombola zu organisieren. 1969 zog Neuss sich zurück. In den letzten Jahren vor seinem Tod wurde Neuss Berliner Kult. Während draußen die Kohlparodisten Triumphe feierten, zelebrierte Neuss vor seiner Fangemeinde sein persönliches Kabarett der Totalverweigerung.

In den 60er-Jahren lag ein Hauch von Kulturrevolution in der Luft. Man kann sich das heute kaum noch vorstellen, aber mitunter wollte das Publikum sogar mit den Künstlern diskutieren und die fragten sich: Für wen singen wir eigentlich? Und wehe, es kam das falsche Publikum! »Ich singe nicht für euch! Ihr frankophilen Käselutscher! Mit eurer Tischfeuerzeugkultur.« (Franz- Josef Degenhardt) Hanns Dieter Hüsch verschlug es zwischenzeitlich an die Kabarettfront.

»Komm heißer Herbst und mache
Die Bäume alle rot
Komm heißer Herbst und lache
Die Herrschenden lausetot

Verändre unsre Reime
Denn Kunst tut nicht mehr not
Grad wie die großen Bäume
Mach unsere Träume rot

Komm heißer Herbst komm wieder
Die Herrschenden zittern schon
Verändere unsre Lieder
Und mache Revolution«

Das Jahr 1972 war ein ganz besonderes Kabarettjahr. Willy
Brandt war als Kanzler bestätigt worden. »Lach- und Schieß-
gesellschaft« und »Kom(m)ödchen« sahen keinen satirischen
Handlungsbedarf mehr und machten erst einmal Pause.

Bis Ende der 70er-Jahre konnte man von einer klassischen
Flaute sprechen. Kabarett kommt ja traditionell eher von
links. Aber links hatte man anderes im Sinn als Kabarett. Erst
mit den »3 Tornados« wirbelte nach dem deutschen Herbst,
Stammheim und Mogadischu wieder scharfes politisches
Kabarett über die Bühnen der Republik.

Palmen im Schneefeld

Das, was wir heute in Deutschland Kabarett nennen, war ursprünglich ein Import aus Frankreich. Der kaisertreue Freiherr Ernst von Wolzogen wurde bei der Weltausstellung 1900 in Paris auf das Heftigste vom Cabaret-Fieber geschüttelt. Inspiriert von Friedrich Nietzsche und seinem Übermenschen, erschuf er gleich nach seiner Rückkehr nach Berlin das Cabaret »Überbrettl«. Es musste schon was ganz Besonderes sein: ein deutsches Reichskabarett preußischer Nation. Die Eröffnung legte man auf den 18. Januar 1901 und sang mit stolzgeschwellter Brust zu den Klängen von Oskar Strauss: »Kling, Klang Gloribusch, wir tanzen um den Rosenbusch, ich dreh mich wie ein Pfau, kling, klang Gloribusch, ich tanz mit – – – meiner Frau!«

Das kaisertreue »Überbrettl« überlebte nur zwei Jahre. Dafür schossen Dutzende von Cabarets aus dem Boden. Die meisten von ihnen wohl eher gastronomisch motiviert. Ihr Erfolgsrezept: erst einmal freier Eintritt – abkassiert wird mittels einer Garderobengebühr und überhöhter Preise für schlechte Weine. Die Cabarets trugen so urkomische Namen wie »Das Selterswasserbüdchen« oder nannten sich verwegen »Zur silbernen Punschterrine«.

Die Liebe zum Cabaret »ist eine unglückliche…«, resümierte Kurt Tucholsky 1913. »Was das deutsche Cabaret zu bieten hat, läuft auf die Konstatierung des außerehelichen Geschlechtsverkehrs hinaus.« Der Gründervater Ernst von Wolzogen wandte sich mit Grausen von seiner Muse ab: »Der Zwang, Abend für Abend sich vor die Menge hinzustellen, dieselben Verse aufzusagen, dieselben Scherze treiben zu müssen, dünkte mich entwürdigend. Ich bin der größte Idiot des Jahrhunderts.« 1923 trat er in die NSDAP ein. Erich Mühsam, 1935 in Oranienburg von den Nazis ermordet, kommentierte das preußische Kabarett mit den Worten: »Fadester Dilettantismus, ödeste Zoterei, geistlosester Humbug. Kastriert vegetiert das Cabaret in Berlin. Mit der plumpen Imitationswut, die den Deutschen auszeichnet, stürzte man sich auf die neue Idee – und pflanzte Palmen in Schneefelder.«

Als im Jahre 2001, selbstverständlich am 18. Januar, in Berlin 100 Jahre Kabarett im großen Saal der Akademie der Künste gefeiert wurden, da glänzten die bayerischen Kabarettisten durch Abwesenheit. Möglicherweise hatten sie einfach kollektiv keine Lust, nach Berlin zu fahren. Es kann aber auch ein gezielter Boykott gewesen sein. Der 18. Januar ist ein problematisches Datum der deutschen Geschichte. 1701 krönte sich der Große Kurfürst von Brandenburg in Königsberg selbst zum König. Der Saupreiß betrat die politische Bühne. 1871 wurde im Spiegelsaal zu Versailles das Deutsche Reich ausgerufen und Wilhelm I. Kaiser. Kein guter Tag für Bayern – und auch nicht für die deutsche Kulturnation.

»Satire ist eine schwarze Kunst der Destruktion.«
Volker Kühn

* * *

»Satire ist das, was sein muss.«
Walter Ulbricht

»Die Kabarettform ist nicht mehr zu gebrauchen,
weil jede Kunstinstitution, die auf einen aparten
Einfall aufgebaut ist, immer nur eine beschränkte
Lebensdauer hat. Das Kabarett ist reif für die Parodie.
Man muss einen neuen Schwindel erfinden.«
Egon Friedell

* * *

»Diese Misere ist ein Resultat der absteigenden
Bewegung, die das deutsche Kabarett, gezwungen
durch seine lärmenden, sekttrinkenden Besucher,
überhaupt vollführt. Jedes Publikum hat das Kabarett,
das es verdient.«
Fritz Grünbaum

* * *

»Das Kabarett ist heute nichts als eine Form der
Unterhaltung so wie das Fernsehen, die Diskothek, die
Party. Ein Kabarettist, der mit seiner Unterhaltung
auch Inhalte vermitteln will, wird gut daran tun,
seinen Kampf auf ein anderes Schlachtfeld zu
verlegen.«
Georg Kreisler

* * *

»Lachen ohne Anlass ist pure Dämlichkeit. Komik,
die aus einem fatalen Zufall entsteht, ist nicht gut.
Die deutsche Humorindustrie ist zu anspruchslos.
Sie gibt sich zu schnell mit einem Ergebnis zufrieden.
Das Publikum ist sicher besser, als wir denken.«
Loriot

* * *

»Ich lege großen Wert darauf, keine Ahnung zu haben,
was Kabarett ist.«
Josef Hader

Monsieur le cabaret

Im November 2013 war es wieder einmal so weit: Das Totenglöcklein des deutschen Kabaretts läutete. Das ist nichts Neues, denn es bimmelt immer wieder mal, seit über hundert Jahren, und hat schon so manchen müden Kabarettisten mit seinem hellen Klang am Einschlafen gehindert. Aber diesmal wurde Sturm geläutet: Das Kabarett ist wirklich tot – endlich, endgültig und unwiderruflich! Dieter Hildebrandt, der sympathische Großmeister des deutschen Kabaretts, hat solche Todesmeldungen zu Lebzeiten mit grimmiger Ironie dementiert: »Es stirbt täglich, das Kabarett. Ein Leben lang ist es tot. Über den genauen Todestag ist man sich nicht einig. Vermutlich fiel er mit dem Geburtstag zusammen. Da man auch den Geburtstag nicht präzise benennen kann, wissen wir auch nicht, wann es gestorben ist.«

Aber jetzt war Dieter Hildebrandt gestorben und damit für FAZ, ZEIT und SPIEGEL offenbar auch das Kabarett, denn Hildebrandt – so war es überall zu lesen – war kein Kabarettist, sondern das Kabarett selbst. Es ist eine traurige Lachnummer: Mit dem größtmöglichen Kompliment wird in den Redaktionsstuben der journalistischen Hochkultur eine Ära beendet und eine Epoche dichtgemacht. Der Meister ist tot. Ihm kann niemand das Wasser reichen. Das Verfahren ist einfach: Der bekannteste und einflussreichste deutsche Kabarettist wird zum Zunftmeister ernannt und posthum als Kronzeuge gegen das eigene Gewerbe präsentiert. Peter Kümmel von der ZEIT weiß es ganz genau: »Dieter Hildebrandt hat sich mit Grausen vom Kabarett abgewandt.« Da war der Hochkulturredakteur schlecht informiert. Das Gegenteil war der Fall.

Der Meister hatte das erfolgreiche Label »Scheibenwischer« aus dem Verkehr gezogen, nachdem mit ihm bei RBB und BR Etikettenschwindel betrieben wurde, und hat Georg Schramm in der »Anstalt« seine Aufwartung gemacht. Der »Scheibenwischer« war Hildebrandts Marke und unter diesem Namen sollte keine seichte Comedy verkauft werden. Der betroffene Kollege Mathias Richling schlug zurück und bezeichnete Hildebrandt als Parteikabarettisten der SPD. Das war ein bisschen zu plump, denn Hildebrandts politische Heimat war nicht die SPD, sondern die Sozialdemokratie. Und das macht schon einen Unterschied, der seit Willy Brandt zudem immer größer wird.

Hildebrandt und die »Lach und Schieß« haben für die SPD Wahlkampf gemacht. Das ist kein Geheimnis: Und als Brandt 1972 wieder Kanzler wurde, da hat sich die »Lach- und Schießgesellschaft« aufgelöst. Der Messias war da. Die Mission erfüllt. Hildebrandt hat weitergemacht. Wie es dazu kam, dass ausgerechnet das ZDF ihm 1973 eine eigene Sendung gab, ist ein lösungswürdiges Rätsel. Und warum sechs Jahre lang die »Notizen aus der Provinz« gesendet wurden, ein noch größeres. 1979 jedenfalls flogen die »Notizen« angesichts des heraufziehenden Bundestagswahlkampfes mit Franz Josef Strauß aus dem Programm. Und das lag natürlich nicht an den Inhalten, sondern am Sendeformat. Die »Notizen« waren ein Magazin und Hildebrandt moderierte an einem Schreibtisch. Nun fürchtete das ZDF, beim Zuschauer könne dadurch der Eindruck entstehen, »die Sendung sei ernst gemeint«.

Hildebrandt meinte es allerdings ernst mit dem Politischen im Kabarett, auch wenn er die Inhalte in seiner liebenswerten Art camouflierte. Er kokettierte gerne mit der Rolle des Angsthasen, der leicht panisch um sich blickte, um dann fast stotternd zum Angriff überzugehen.

Es war Medienpolitik, als Hildebrandt 1980 vom ZDF zum Sender Freies Berlin wechselte und mit seinem »Scheibenwischer« auf Sendung ging. Damals hatte die Politik noch größeren Respekt vor dem Kabarett: Vor einer Bundestagswahl hatte das Fernsehkabarett wochenlang zu schweigen. Die Angst vor einer politischen Wirkung war natürlich die beste Werbung für das Fernsehkabarett und Hildebrandt hat diese Überschätzung genüsslich zelebriert. Hildebrandt war ein freundlicher Mensch. Ein gutgelaunter Systemkritiker, kein Radikaler, aber ein Unzufriedener der Marke »mehr Demokratie wagen«. Die FAZ hat ihm »Zyniker« nachgerufen. Kein Kommentar.

Stell dir vor, es ist Krieg

»Mein Leib, den geb ich hin
Kugeln und Granaten.
Erst wenn ich erschossen bin,
Kann der Sieg geraten.«
Gerhart Hauptmann

Highway to Hell

Seit Freiherr zu Guttenberg im Bendlerblock seinen Abschied entgegennahm, bin ich ein großer Freund von Zapfenstreichen. Der Baron der Herzen nahm im warmen Lichte von Pechfackeln seinen selbstlosen Abschied, um Schaden von der Truppe abzuwenden. Der Herr Minister war erstaunlich gut gelaunt und wirkte geradezu aufgeräumt. Woran lag das? Jeder Hochstapler hegt den geheimen Wunsch, irgendwann aufzufliegen. Denn erst in diesem Moment erfährt seine spezielle Kunst der Blendung die wahrhaft befriedigende öffentliche Würdigung. Selbstverständlich hinkt dieser Vergleich.

Als das Heeresmusikkorps ins Blech blies, war der Baron im eigentlichen Sinne ja noch nicht aufgeflogen. Der Herr Minister befand sich ganz im Gegenteil auf dem gefühlten Höhepunkt seiner Karriere: Großer Zapfenstreich für einen großen Zampano. Der Musikwunsch des scheidenden Ministers offenbarte das feine Gefühl für die wohldosierte Selbstironie, die nur die wirklich großen Verlierer an den Tag legen können: »Highway to Hell« von ACDC – Chapeau, Herr Baron! Leider meuterte das Heeresmusikkorps und spielte stattdessen »Smoke on the Water« von Deep Purple, was immerhin etwas Feuer an den Berliner Nachthimmel zauberte. Karl Theodor zu Guttenberg genoss den Augenblick in vollen Zügen.

Vielleicht hat er das Drama gedanklich auf den springenden Punkt gebracht: Warum habe ich nicht die Wahrheit gesagt? Ich musste lügen, weil ich Vorbildfunktion hatte. Wenige

Tage zuvor hatten seine treuesten Fans, wohl wahnsinnig vor Schmerz, am Brandenburger Tor demonstriert und in einem putativen Notwehrexzess gegen das Unvermeidliche auf ihre Plakate die Forderung »Militärputsch jetzt!« gepinselt.

Die Kunst der Beleidigung
Für Wiglaf Droste

Karlsruhe ist immer für eine Überraschung gut! Erst wurden Sitzblockaden für den Frieden entkriminalisiert. Dann sollte ausgerechnet in Bayern der Gekreuzigte auf Antrag von der Wand genommen werden können. Und die Bundeswehr sollte sich auch noch klaglos anhören: Soldaten sind *Mörder*. Dieser Generalvorwurf hat einen berühmten Urheber: Kurt Tucholsky. Das Weimarer Reichsgericht hat 1932 festgestellt: Das Diktum »Soldaten sind *Mörder*« ist zu allgemein gehalten, um eine Beleidigung darzustellen. Niemand muss sich direkt angesprochen fühlen.

Machen Sie mal den Test: Gehen Sie auf die Straße und nähern Sie sich einer Polizeidoppelstreife. Stellen Sie sich vor die Beamten und fragen Sie laut: »Was seid denn ihr für zwei dumpfe Schlümpfe?« Das kostet Sie mindestens 600 Euro. Sagen Sie hingegen einfach: »Polizisten sind dumpfe Schlümpfe«, kriegen Sie möglicherweise zwar auch Ärger, aber jeder intelligente Staatsanwalt wird das Verfahren mit Blick auf Tucholsky einstellen. Wenn Sie die Kunst der Verallgemeinerung beherrschen, können Sie Ihren Vorurteilen freien Lauf lassen. Sagen Sie: »Orchestermusiker sind Arschgeigen! Lehrer sind faule Säcke! Kabarettisten sind Parasiten!« Alles völlig harmlos und straffrei!

Mit der Folgenlosigkeit von Allgemeinplätzen will sich die Bundeswehr nun nicht abfinden. Bei Fragen der Ehre kommt man mit Logik nicht weiter. Eine spezielle »Lex Tucholsky« soll nun die Bundeswehr gegen Ehrabschneidung schützen, zumal bei friedenssichernden Auslandseinsätzen der blaue UNO-Stahlhelm olivgrün zu schimmeln beginnt und der Vorwurf »Mörder!« die Stimmung sowohl bei der Erhaltung und erst recht bei der Erzwingung des Friedens trübt. Aber Juristen finden immer eine Lösung! Der sozialdemokratische Justizminister hat mit dem ihm eigenen Sachverstand darauf hingewiesen, dass selbstverständlich Tucholsky weiterhin zitiert werden darf, aber nur wenn sich kein Bundeswehrsoldat in unmittelbarer Nähe – quasi in Schussweite – befindet. Daraus folgt zwingend, dass ein Bundeswehrsoldat als solcher zu erkennen sein muss. Der gemeine Polizist ist erst ganz im Dienst, wenn er zur Uniform eine Schirmmütze trägt.

Reichen beim Soldaten Tarnanzug und Helm aus, um aus dem Tucholsky-Zitat eine Straftat zu machen? Und was geschieht, wenn der Versuch der Ehrabschneidung verschlüsselt erfolgt? Zum Beispiel durch das einfache Vertauschen sinnstiftender Vokale? Wie wäre es mit »Soldöten sind Marder!« Diese kryptische Insultation liegt – was ihre Dechiffrierbarkeit angeht – doch nahe am Klartext, quasi in unmittelbarer Nähe, also hinreichend nahe, um den Tatbestand der Beleidigung zu erfüllen. Aber auch die verschlüsselte Erscheinungsform hat es in sich! Der Marder ist bekanntlich ein Panzer, benannt nach einem kleinen Räuber, der im Hühnerstall exzessiv seine Nahrungsgrundlage sichert und keine Gefangenen macht. Was aber, bitte schön, sind Soldöten? Solche, die gegen Sold töten? Nein, dann wären sie ja Söldner. Aber was sind dann Soldöten? Na ja, Marder eben.

Neandertaler im Eifelbunker

»Wer noch einmal ein Gewehr in die Hand nimmt, dem soll die Hand abfaulen!« Der Schriftsteller Bernt Engelmann hat diese erzpazifistische Drohung im Stile eines alttestamentlichen Propheten Franz Josef Strauß zugeschrieben. Im gewöhnlich gut informierten SPIEGEL taucht das Zitat ebenfalls auf, aber diesmal sollte die Hand nicht abfaulen, sondern einfach abfallen! Vielleicht ist es nur ein Druckfehler, doch »faulen« gefällt mir besser als »fallen«, schließlich sind Soldaten keine Playmobilfiguren! Mitte der 60er-Jahre hat Strauß in einem Gespräch mit Günter Gaus das Zitat dementiert und Zuflucht zum Neuen Testament gesucht: Was er damals wirklich meinte, aber nicht sagte, sei vielmehr: »Wer das Schwert nimmt, der soll durchs Schwert umkommen.« Damit hatte der Bayer, wenn nicht Gott, so doch wenigstens dessen Sohn auf seiner Seite, obwohl sich Jesus bei anderer Gelegenheit durchaus gewaltbereit gezeigt hat.

Aber in diesem Christuswort wirkt bereits die friedensstiftende Kraft dessen, was 2000 Jahre später als »mutual assured destruction«, als zugesicherte Vernichtung auf gegenseitiger Grundlage in die Geschichte eingehen sollte. Praktisch heißt das: »Wer als Erster schießt, stirbt als Zweiter!« Ein Krieg zwischen Ost und West war nur noch als bewaffneter, konventioneller Stellvertreterkonflikt denk- und durchführbar. Der Physiker und Philosoph Carl Friedrich von Weizsäcker entwickelte in den 60er-Jahren die Formel: »Mit der Bombe leben«. Auf den ersten Blick wäre die Mehrzahl »Bomben« logischer, denn es gibt ja bis heute grundsätzlich zwei Bomben: die eigene und die feindliche, freundlicher ausgedrückt, die eigene und die des Kontrahenten der potentiellen Vernichtung. Aber unter dem Aspekt eines möglichen globalen, atomaren Infernos verschmolzen die Waffenarsenale von Freund und Feind zu einer einzigen Kategorie der totalen Bedrohung: die allmächtige Weltgesamtbombe als denkbares Ende der Zivilisation. Mitte der 60er-Jahre hatten die Rüstungsanstrengungen schon die Kapazität zur mehrfachen Vernichtung des Konfliktpartners erreicht und man sprach fortan vom »Overkill«.

Nach dem Zweiten Weltkrieg und seiner ungeheuren Rüstungsproduktion entwickelte sich in den Vereinigten Staaten nach dem Trägheitsgesetz ein militärisch-industrieller Komplex, vor dem erstaunlicherweise Präsident »Ike« Eisenhower warnte. Waffenfabriken verschwinden nicht, nur weil der Krieg vorbei ist. Die Aufrüstung im Krieg gegen Deutschland und Japan hatte Ziel und Zweck. Im Kalten Krieg wurde die Hochrüstung Teil der Volkswirtschaft und heute sind die USA die einzige verbliebene Weltmacht – hoch verschuldet, aber China und Russland militärtechnisch um Jahre voraus.

Deutschland forscht mit. Wenn es um umweltfreundlichere Sprengstoffe und besseres Panzerglas geht, dann sind wir dabei. Die Bundesrepublik hat aber auch ihr nukleares Herrschaftswissen nicht auf dem Stand von 1945 eingefroren. In Jülich und Karlsruhe wird seit Anfang der 60er-Jahre kontinuierlich – wie es so schön heißt – an Kernen geforscht. In den 50er-Jahren war noch von Atomforschung die Rede, etwa bei der Gründung des Deutschen Atomforums im Jahre 1959. Um die Akzeptanz der neuen Technik zu steigern, entschloss sich die Atomlobby zur kosmetischen Korrektur und setzte auf den

Begriff »Kernenergie«. Atomenergie klang einfach zu sehr nach Bombe. Die Kernforschung der jungen Bundesrepublik war aber keineswegs eine rein zivile Angelegenheit. Es ist kein Geheimnis mehr, dass in den 80er-Jahren Dutzende von pakistanischen Wissenschaftlern im Kernforschungszentrum Jülich nukleartechnisch ausgebildet wurden, und es ist bestimmt kein Zufall, dass Pakistan wenige Jahre später stolz seine Atombombe der Weltöffentlichkeit präsentierte.

1969 war Deutschland dem Nichtverbreitungsvertrag für Atomwaffen beigetreten. Auf den ersten Blick eine leichte diplomatische Übung, denn man hatte ja gar keine. Zum Leidwesen von Franz Josef Strauß, für den die Abstinenz von der Bombe ein nationales Unglück war: Der Atomwaffensperrvertrag sei »ein neues Versailles«, und zwar »kosmischen Ausmaßes«. »Kosmisch« klingt unfreiwillig komisch, wie im schweren Rausch in die Welt gelallt, das Lamento eines letztlich gescheiterten Ministers für atomare Fragen und deren militärischer Beantwortung. Strauß hatte 1956 die »zivile« Kernforschung forciert und forderte bereits 1957 zusammen mit dem Kanzler die atomare Bewaffnung der Bundeswehr. Für Konrad Adenauer waren Atomwaffen »im Grunde nichts anderes als eine Weiterentwicklung der Artillerie«. Hinter dieser schlitzohrigen Verharmlosung stand Adenauers rigoroser Pragmatismus. Westdeutschland hatte ein demographisches Problem. Der Bundeswehr fehlte, aus nachvollziehbaren Gründen, so kurz nach dem Zweiten Weltkrieg das Kanonenfutter. Zwar rollte ab Mitte der 50er-Jahre ein geburtenstarker Jahrgang nach dem anderen heran, aber die Sollstärke von einer halben Million Soldaten sollte erst in den 70er-Jahren erreicht werden. Was lag da näher, als die fehlende menschliche Masse durch nukleare Klasse zu ersetzen?! Aber die Alliierten spielten nicht mit. Deutschland bekam zwar Trägerraketen, aber keine Atomsprengköpfe.

Um die Wehrbereitschaft Deutschlands zu ermitteln, zog 1962 eine gemischte Gesellschaft von Militärs, Politikern und Verwaltungsbeamten von Bonn aufs Land, um an einem sicheren Ort Krieg am Reißbrett zu spielen. In Marienthal am Rande der Eifel modernisierte der Bund seit 1960 eine alte Bunkeranlage, in der 1933 großdeutsche Champignons gezüchtet und später Bauteile für die Wunderwaffe gefertigt wurden. Der Eifelbunker verschlang mit seinem 17 km langen Stollenwerk mehr als drei Milliarden DM und rangiert auf der ewigen Liste der teuersten deutschen Immobilien weit vor der Hamburger Elbphilharmonie. In der Bunkeridylle von Marienthal wurden nicht nur die Bundeswehr, sondern auch Polizei, Post, Bahn, Landratsämter, Katastrophenschutz und Sanitätswesen einem mehrtägigen Stresstest unterzogen. Das Chaostheater begann mit einem gezielten sowjetischen Atomschlag auf einen deutschen Fliegerhorst. Der sich entwickelnde nukleare Schlagabtausch führte allein auf deutscher Seite zu zwölf Millionen Toten. Wer mit allem rechnen will, braucht Zahlen. Die Russen erzielten Geländegewinne in Schleswig-Holstein und nahmen Hamburg ein. Innensenator Helmut Schmidt hatte schon vor der Übung angekündigt, dass die Freie und Hansestadt Hamburg nicht verteidigt würde. Die Simulation des Ernstfalls brachte ein verheerendes Ergebnis für die Bundeswehr und alle Beteiligten. Deutschland war nicht fit für den Atomkrieg, militärisch ausgedrückt: bedingt abwehrbereit.

Der SPIEGEL brachte die Diagnose ins Blatt, der Verteidigungsminister witterte Landesverrat und die Staatsanwaltschaft schlug zu. Chefredakteur Conrad Ahlers wurde in Spanien verhaftet, Herausgeber Rudolf Augstein stellte sich der Polizei und saß 104 Tage in U-Haft. Es kam zu keinem Prozess und der SPIEGEL konnte als »Sturmgeschütz der Demokratie« (Augstein) Geländegewinne in der Presselandschaft erzielen. Verteidigungsminister Strauß musste zurücktreten und die Bundeswehr übte weiter die konventionelle Landesverteidigung für den Fall des Unkonventionellen, sprich der atomgetriebenen Apokalypse. Derweil dämmerte den Supermächten, dass »ein Atomkrieg … jeder Seite nur einen Sieg in Form eines Häufleins Asche bringen« (Dean Rusk) würde.

Als ersten Schritt zur Beendung des Wettrüstens unterzeichneten 1963 in Moskau die USA, Großbritannien und die Sowjetunion ein Abkommen, das Atomtests in der Atmosphäre, unter Wasser und im Weltraum untersagte. Die Bundesregierung trat dem Abkommen bei. In meinem Kopf hat sich in diesem Zusammenhang ein aufschlussreiches Zitat festgesetzt, dessen Quelle ich aber nicht mehr finden kann. »Wir sind Opfer der alliierten Entspannungspolitik.« Meiner Erinnerung nach waren das die späten Worte eines deutschen Kanzlers, der aber auch gesagt haben soll: »Was kümmert mich mein Geschwätz von gestern!«

Die Entspannungsbemühungen im Kalten Krieg setzten sich Ende der 60er-Jahre mit wohlklingenden und beruhigenden Abkürzungen fort. SALT, Strategic Arms Limitation Talks, froren das Vernichtungspotential nicht ein, sondern setzten der Produktion von atomaren Waffensystemen lediglich Obergrenzen. Immerhin wurde aus den »Talks« 1972 ein Vertrag, den Richard Nixon und Leonid Breschnew in Moskau unterzeichneten. Dieses Abkommen hatte seine eigene eiserne Logik: Neben den Atomraketen wurde auch die Zahl der Raketenabwehrsysteme limitiert. Die Errichtung eines Raketenabwehrschirms war vertraglich verboten. Erlaubt war der Schutz der Hauptstadt und der eigenen Raketensilos. 2002 kündigten die USA diesen Vertrag.

Auf SALT folgte sieben Jahre später SALT II und 1982 ging es mit der sorgsam gewählten Abkürzung START zu den »Strategic Arms Reduction Talks« – also ans Eingemachte. Immerhin gelang es, das Arsenal des Schreckens auf jeweils etwa 6000 Sprengköpfe und 1600 Trägersysteme zu reduzieren. Der Overkill blieb und auch START hatte einen Nachfolger: START II bannte 1993 Interkontinentalraketen mit einzeln lenkbaren Sprengköpfen. 2002 war auch dieses Abkommen am Ende. Die Russen kündigten START II auf, weil die Amerikaner SALT I beendet hatten. Natürlich wurde der Friedenswille auf beiden Seiten dadurch nicht gebrochen und es dauerte nicht lange, da erschien der nächste Silberstreif am Horizont. Wieder was mit »S«. Dieses Mal hieß das hoffnungsvolle Kürzel SORT, Strategic Offensives Reduction Treaty, und dieser Vertrag sah vor, die Zahl der einsatzbereiten Sprengköpfe auf etwa 2000 zu verringern. 2011 lief SORT aus.

Selbstverständlich war der Friedenswille in Ost und West ungebrochen, aber für die nächste obligatorische Abrüstungsrunde fehlte nach SALT, START und SORT offenbar ein geeignetes Abrüstungskürzel. STOP hätte sich angeboten: Sustainable Talks on Peace. Mit einem wunderbaren Fächer von ökologisch inspirierten Übersetzungsmöglichkeiten für »sustainable«: nachhaltig, zukunftsfähig, kontinuierlich und erneuerbar. Friedensnobelpreisträger Barack Obama entschied sich für NEW START. Aber für was steht NEW? Never Ending Worry?

Die Hoffnung auf eine atomwaffenfreie Welt ist nach dem Ende des Kalten Krieges etwas blass geworden. Papst Franziskus hat sie noch im Repertoire. Aber die großen gesellschaftlichen Erregungspotentiale der 80er-Jahre sind verbraucht. Der Begriff »Overkill« ist aus der Öffentlichkeit verschwunden und mit ihm die Erinnerung an die Zeit, als die amerikanische Außenpolitik Deutschland zum Schlachtfeld eines Krieges mit der Sowjetunion ausersehen hatte und im Eifelbunker unter amerikanischer Regie das Plan- und Trauerspiel »Finis Germaniae« geprobt wurde.

»Wintex« nannte sich das absurde Wintermärchen. Alle Jahre wieder der gleiche Schwachsinn mit Variationen. Ein internationaler Spannungsfall tritt ein. Die Diplomatie versagt. Der Iwan marschiert in den Iran ein, Griechenland tritt aus der NATO aus und in Marburg rebellieren marxistische Politikstudenten. Deutsche fliehen nach Westen. Frankreich macht die Grenzen dicht. Verwaltung und Militär versammeln sich im Eifelbunker. Aus dem Fernschreiber tickern die aktuellen Meldungen des beginnenden Dritten Weltkriegs. Sowjetische Panzerkolonnen überrollen die deutsch-deutsche Grenze. Gefechte auf der A7 in Höhe der Anschlussstelle Bad Hersfeld. Der russische Vormarsch kann nicht gestoppt werden. Kanzleramtschef Schreckenberger fragt seine Berater, was nun zu tun sei? Die Antwort ist immer die gleiche: Anforderung eines amerikanischen Atomschlags. Bei Wintex 85 wird am Autobahndreieck Hattenbach der »Ground Zero« markiert. Hier schlägt die erste Bombe ein und stoppt den russischen Vormarsch. Die Übung ist beendet. Der Krieg ginge weiter. Der Kabarettist Wolfgang Neuss fragte schon 1968: »Und was wird aus Bonn und seinem Geflunker? Neandertaler im Eifelbunker!«

Wir sind schon auf dem Brenner

Selbsterniedrigung durch Absingen von Schlagern, die keine
Hits sind, hatte im deutschen Fußball eine gewisse Tradition.
»Fußball ist unser Leben, denn König Fußball regiert die
Welt!«, sang die deutsche Nationalmannschaft in feldgrauen
Hosen zu zackiger Musik mit Trommelwirbel. Es war die Zeit,
als Schlagerfuzzis sich noch Roy Black oder Jack White nennen durften. 1978 machten sich unsere Jungs mit Udo Jürgens
auf den langen Weg zu General Videlas Folterdiktatur, ins
Land der 15 000 »Verschwundenen«. Die Kicker sangen: »Buenos Dias Argentina! Guten Tag, du fremdes Land! Buenos
Dias Argentina! Komm' wir reichen uns die Hand!« 1982 ging
es mit Michael Schanze und »Olé España« weniger um Freund-
schaft und Handschlag als um »mohnrote Lippen«, das »Versprechen der schwarzen Augen« und »heiße Nächte voll Zärt-
lichkeit«. Peter Alexander setzte 1986 den Trend mit »Mexico
mi Amor« fort: »Zärtliche Mädchen verschenken die Sehnsucht im Dunkel der Nacht.« Na also, geht doch!

1990, im Jahr der Deutschen Einheit, ging es dann ganz
anders zur Sache. Gastgeber Italien bekam eine musikalische
Vorwarnung der deutschen Elf auf ihrem Marsch nach Rom:
»Wir sind schon auf dem Brenner ..., versiegelt das Tor, schiebt
elf Riegel davor, denn wir kommen ...!« Deutschland wurde
Weltmeister und Kaiser Franz informierte die Öffentlichkeit:
»Wir sind jetzt die Nummer 1 in der Welt ... Ich glaube, dass
die deutsche Mannschaft über Jahre hinaus nicht zu besiegen
sein wird. Es tut mir leid für den Rest der Welt ...« 1994 ver-
zichtete der deutsche Fußballbund auf eine musikalische

Drohkulisse und Deutschland verlor in New York das Viertelfinale gegen Bulgarien mit 1:2. Eine Niederlage, die den dreifachen Weltmeister aber nicht vom Glauben an den Fußballgott abfallen ließ.

Deutschland hat dem Fußball viel zu verdanken. Wir haben uns 1954 in Bern in die Völkergemeinschaft zurückgeschossen. Der damals amtierende Präsident des Deutschen Fußballbundes, Peco Bauwens, ließ bei der Jubelfeier in München verlauten, durch diesen Sieg sei die deutsche Schuld getilgt. Wo verkündet man so etwas? Natürlich im Löwenbräukeller. Mit diesem Endsieg von Bern wurde Fußball in Deutschland eine nationale Angelegenheit ersten Ranges. Die Nationalelf verteidigte mit Mann und Maus das deutsche Tor. Die Helden von Bern hatten den Weg gewiesen: durch Kampf zum Spiel.

Als wertvolle Ergänzung zur Bundesrepublik gründete der DFB 1963 die Bundesliga, die für einen Großteil der männlichen Bevölkerung zum emotionalen Lebensraum nach Feierabend wurde. Für dieses Millionenheer der Fußballfans ist Fußball nun wirklich das wahre Leben, und wer die Tempel auf Schalke oder in Dortmund betritt, der spürt die religiöse, im wortwörtlichen Sinne »rückbindende« Kraft des Rasensports. Fußball gibt Rückhalt und bietet Gelegenheit zu tiefen Erlebnissen. Er ordnet das Leben und strukturiert die Woche. Zur Einstimmung auf das Wochenende gibt es freitags ein Spiel der Ersten Liga. Der Samstagnachmittag gehört bis zum Abend ganz dem Ligageschehen. Der Sonntag liefert die fehlenden zwei Spiele, um sich ein vollständiges Tabellenbild zu machen. Montags folgt das Topspiel der Zweiten Liga. Der

Dienstag und der Mittwoch gehören dem internationalen Geschäft: der Champions-League in der erweiterten €-Zone. Der Donnerstag lockt mit der UEFA-Europaliga und dann ist schon wieder Freitag. Die Lücken, die jährliche Wettbewerbe lassen, werden durch Qualifikationsspiele der Nationalmannschaft für die Europa- oder Weltmeisterschaft geschlossen, die im Wechsel alle zwei Jahre das Sommerloch komplett mit Fußball und Werbung zuschütten.

Fußball ist ein Riesengeschäft geworden, zu einem durch und durch kommerziellen Kult, der enorme Energien, auch in Form von Aggressionen, bindet. Im Herbst 1945 schrieb George Orwell nach Freundschaftsspielen von Dynamo Moskau gegen Chelsea, Arsenal und die Glasgow Rangers, bei denen es hart zur Sache ging: »Serious sport is war minus the shooting.« Das gilt heute bei Funktionären als längst überholt. Fußball ist kein Kampfsport, es ist ein Laufsport. Das dumpfe »Sieg«, das deutsche Fans aus den internationalen Stadien in die Welt stöhnen, wird geflissentlich überhört und von den gutgelaunten Moderatoren nicht kommentiert. Die echten Fans wissen, woran sie sind. Mir hat es einer gestanden: »Unsere Begeisterung für den Fußball teilen wir leider mit einer absoluten Mehrheit von Arschgeigen.«

Bomben auf Belgrad

Ein sozialdemokratischer Verteidigungsminister hat 2002 den Vorhang für ein besonderes Schauspiel aufgezogen. Das Stück hieß: »Deutschland wird auch am Hindukusch verteidigt«. Dafür hat sich die Bundeswehr die Provinz Kunduz im Norden, an der tadschikischen Grenze ausgesucht – nicht gerade die Hauptkampflinie im Krieg gegen den Terror. Kunduz galt damals als sichere Region, und das warf bei afghanischen Gegnern der Taliban die Frage auf: Warum gehen Soldaten dahin, wo es sicher ist? Gute Frage! Weil in Deutschland Zinksärge bei Politikern nicht besonders beliebt sind, aber gleichzeitig die Bundeswehr an zukünftige Aufgaben behutsam herangeführt werden soll.

Richtig begonnen hat das mit einem Bundeswehrzeltlager in Belet Huen in Somalia im Jahre 1993. Keine besonderen Vorfälle. Es wurde monatelang auf indische Soldaten gewartet, die allerdings nie eintrafen. Geschätzte Kosten: 400 Millionen DM. Ein Jahr später wurde die Strategie zur Desensibilisierung der öffentlichen Meinung auf dem Balkan fortgesetzt. Die Luftwaffe flog mit AWACS Überwachungseinsätze über Bosnien und die Marine patrouillierte vor der restjugoslawischen Küste. Gegen alle militärischen Einsätze klagten die Bundestagsfraktionen von SPD und FDP und banden somit das Bundesverfassungsgericht geschickt in den Entscheidungsprozess ein. Karlsruhe gab grünes Licht für Bundeswehreinsätze innerhalb eines »Systems kollektiver Sicherheit«.

1999 wurde Serbien von Luftstreitkräften der NATO ohne UNO-Mandat 78 Tage lang bombardiert. Der Bündnisfall, also das System gegenseitiger Sicherheit, auf dem die Idee der NATO gegründet wurde, war auch nicht eingetreten. Die amerikanische Außenministerin Madeleine Albright, heute Inhaberin der »Albright Stonebridge Group«, einer Consulting-Firma, und Geschäftspartnerin von Joschka Fischer and Company, rechtfertigte den Krieg aus moralischen Gründen, versicherte aber gleichzeitig, dass damit kein Präzedenzfall geschaffen werde. Es handelte sich vermutlich um die unverbindliche Moral der günstigen Gelegenheit.

2002 wurden deutsche Bodentruppen nach Afghanistan in einen Krieg geschickt, der lange keiner sein durfte. Erst nach der Bombardierung zweier entführter Tanklastzüge, bei der über 100 Zivilisten starben, wurde offiziell von einem Krieg gesprochen. Den Befehl dazu hatte der inzwischen zum Brigadegeneral beförderte deutsche Oberst Georg Klein gegeben.

Der Afghanistaneinsatz der Bundeswehr war anders gedacht. Deutschland wollte im ruhigen Norden des Landes Aufbauarbeit leisten und sich aus den Gefechten der Amerikaner heraushalten. 2006 gingen Bilder um die Welt, die deutsche Soldaten mit einem Totenschädel auf der Kühlerhaube ihres Jeeps zeigten. 54 Soldaten der Bundeswehr sind in Afghanistan ums Leben gekommen. Der zehnjährige Einsatz hat über 8 Milliarden Euro verschlungen. Offiziell heißt es: »Wir alle können sehr stolz darauf sein, was unsere Soldaten bis zur letzten Minute in Kunduz geleistet haben.« Die Sicherheitslage in Kunduz hat sich in den vergangenen Monaten wieder verschlechtert. Deutschland kann jetzt nicht mehr am Hindukusch verteidigt werden.

Schwarzwild

»Über Helmut Kohl mache ich keine Witze,
da lache ich lieber direkt!«
Wolfgang Neuss

Idi Alpin

Bei Wikipedia und anderswo steht es: »Deutschmann macht Kabarett, seit Franz Josef Strauß Kanzler werden wollte.« Kann man einem Netztext trauen? Wenn man ihn selbst geschrieben hat, auf jeden Fall! 1980 versuchte die CDU ihr Glück mit dem großen Vorsitzenden der CSU. Heute, 33 Jahre später, frage ich mich, ob ich nicht nur seit, sondern auch wegen Strauß Kabarett mache. War der Mann wirklich so gefährlich, dass man gleich zu satirischen Mitteln greifen musste? Oder war es putative Notwehr, in der subjektiven Annahme, es stehe ein stiernackiger Diktator ins Haus? Strauß hatte mit Blick auf den linken Schriftsteller Bernt Engelmann von »Ratten und Schmeißfliegen« gesprochen, mit denen man keine Prozesse führe. Ein klarer Satz, der leicht zur Drohung wird, wenn man ihn weiterdenkt: Ja, was macht man denn mit Ratten und Schmeißfliegen?

Strauß, das kann man aus sicherem Abstand diagnostizieren, strahlte zweifellos eine gewisse kriminelle Energie ab. Er war ein Handlungsreisender der Rüstungslobby und sammelte Skandale wie der Wandersmann Spazierstockplaketten. Er war das, was sein späterer Nachfolger Karl-Theodor Maria Nikolaus Johann Jacob Philipp Franz Joseph Sylvester Freiherr von und zu Guttenberg nicht sein wollte: Selbstverteidigungsminister. Auf dem Wappenschild des Metzgersohns stand »Angriff ist die beste Verteidigung«. Der streitbare Minister besorgte der deutschen Rüstungsindustrie in den USA die Lizenz zum Bau des Lockheed F-104 Starfighters, des Sternenkämpfers, der in deutschen Diensten nicht nur Jäger, sondern auch

Bomber sein sollte. Das machte den Jet zu fett. 200 Abstürze ohne Feindeinwirkung sorgten für eine nachhaltige Nachfrage und veranlassten Strauß zum Erwerb eines Pilotenscheins. Der deutsche Panzer HS 30 wurde in hoher Stückzahl nach Begutachtung eines Prototyps aus Holz geordert und stellte sich als Pannenfahrzeug erster Klasse heraus. Strauß halbierte die Bestellung und machte weiter. Per aspera ad astra.

Als ich mit dem Kabarett anfing, konnte ich meinen »Strauß« auswendig. Alle seine publizierten Eskapaden und Entgleisungen waren mir geläufig. Strauß war drei Jahrzehnte lang ein Grundnahrungsmittel des Kabaretts und erlebt nun, ein Vierteljahrhundert nach seinem Tode, in der Figur seines Parodisten Helmut Schleich eine – wie der Lateiner Strauß es vielleicht selbst formuliert hätte – resurrectio mentalis.

Die Ära Merkel gibt für die Parodie nicht viel her. Wäre Strauß heute Satiriker, dann würde er ein Lamento im Jägerjargon anschlagen: »Es gibt zu viel Niederwild.« Wie herrlich, wenn da der alte, wehrhafte, kapitale Keiler aus dem Dickicht der Erinnerungen bricht und der Welt den Kalten Krieg erklärt: »Der Atomwaffensperrvertrag ist ein Versailles, und zwar kosmischen Ausmaßes!« Geht es auch eine Nummer kleiner? Ja, gewiss, wer bei Strauß nachschlägt, findet auch Pointen zur lustvollen Wahrnehmung des Gewaltmonopols: »Wenn die bayerische Polizei hinlangt, dann geht es eben anders zu, als wenn die Franziskaner Suppe austeilen!«

Wer spricht heute noch Klartext in dieser Qualität? Nach der Jagd und vor den Wahlen wird seit Otto von Bismarck bekanntlich am meisten gelogen. Nicht zu vergessen die Beerdigung, das Hochamt der Heuchelei hemmungsloser Schönfärberei. Aus Strauß wurde in der Stunde seines Todes »demokratisches Urgestein«, das nun in Rott am Inn der Verwitterung trotzt. Um den Tod des Paten ranken sich – wie bei vielen großen Zwiespältigen der Weltgeschichte – hartnäckige Gerüchte. Starb er im Wald oder weich gebettet im Boudoir?

Es geschah bei der Jagd, requiescat in pace!

Bimbesrepublik Deutschland

30 Jahre ist es her, 16 lange Jahre Kohl, 7 Jahre Schröder und 7 Jahre Merkel. Helmut Kohl, dem 1976 trotz sagenhaften 48,6% für die CDU/CSU der Kanzlerthron verwehrt blieb, ist am Ziel seiner Wünsche. Was ihm in offener Feldschlacht nicht gelungen ist, schafft er in geheimer Saalschlacht im Jahre 1982: Die FDP fällt der SPD in den Rücken und Kohl erobert die Regierungsbank. Alles legal, aber nicht ruhmreich.

Man kann der CDU nicht verübeln, dass sie das gelungene Misstrauensvotum von 1982 wie ein Krönungsjubiläum feiert. Es feiern nicht alle mit, denn der schwarze Riese aus Oggersheim hat eine Schneise der personalpolitischen Verwüstung in die CDU geschlagen. Die vollmundig angekündigte geistig-moralische Wende geriet schnell zur kriminellen Rolle rückwärts: Bimbes wurde zum Schlüsselwort der Ära Kohl, der ja die Deutsche Einheit 1990 noch gutgelaunt aus der Portokasse bezahlen wollte.

1999 sollte der Soli verschwinden und selbstverständlich wurde ausgeschlossen, dass ein Euroland jemals die Schulden eines anderen zahlen muss. Aber Kohl tat auch Gutes. Er gab dem Kabarett in den 80er-Jahren einen ungeheuren Schub. Plötzlich schossen Kohlparodisten wie Pilze aus dem Boden. Lehramtsanwärter wechselten ins Kabarettfach. In Berlin wurde mit Dieter Hildebrandts »Scheibenwischer« eine sozialdemokratische Satire-Haubitze in Stellung gebracht. Kohl mutierte zur legendären »Birne«, als welche Honoré Daumier seinerzeit schon den umfangreichen Bürgerkönig Louis-Philippe I. karikiert hatte. Aber Kohl hatte ganz andere Gegner in den eigenen Reihen. Heiner Geißler wagte im September '89 in Bremen einen verpfuschten Aufstand, über den Kohl dank der Geschwätzigkeit der Mitverschwörer Rita Süßmuth und Lothar Späth bestens informiert war. Hatte Kohl vielleicht damals schon gespürt, dass die Deutsche Geschichte ihn bald braucht? Nach dem Mauerfall hat Kohl instinktsicher den Zeitpunkt wahrgenommen, ab dem es nicht mehr um eine deutsch-deutsche Konföderation, sondern um die Einheit ging. In Dresden hatte das Volk »Helmut« gerufen! Das war der Wink mit dem Zaunpfahl: Deutschland eilig Vaterland! Gegen die Vorbehalte Frankreichs, Englands und Italiens hat Kohl sich als Kanzler der Einheit in die Geschichtsbücher eintragen lassen. Geißler hat dazu trocken bemerkt: »Mit Sicherheit hat Helmut Kohl nicht die deutsche Einheit gerettet, sondern die deutsche Einheit hat Helmut Kohl und die CDU gerettet.« Aus den »blühenden Landschaften« im Osten sind diverse Sperrbezirke für Menschen mit dunklerer Hautfarbe hervorgegangen. Seine noble Europavision ist an den faulen Kompromissen gescheitert, die er in Maastricht ausgehandelt hat. Europa ist zur €-Zone verkommen. Alles wird Ware und überall ist Markt.

Kavaliersdelikte

Rechts von den Christdemokraten – die nostalgische Lesart des Parteikürzels CDU sei erlaubt – darf es keine legale demokratische Partei geben. Mit diesem resoluten, rechtslastigen Bekenntnis brach Angela Merkel im Jahre 2000 zu ihrem Erfolgsmarsch in die Mitte der Gesellschaft auf. Nun wissen wir aus der Erfolgsgeschichte dieser großen Volkspartei, dass die Illegalität nicht immer erst da beginnt, wo die CDU aufhört, sondern meistens schon früher. Der CDU lässt sich, gerade in finanziellen Angelegenheiten, eine gewisse kriminelle Energie nicht absprechen. Man denke nur an die illegalen Zuwendungen aus dem Flick-Imperium in den 70er- und 80er-Jahren oder die justiziable Chuzpe der hessischen CDU, Schwarzgeld als jüdische Vermächtnisse aus Liechtenstein in die Kasse der eigenen Mischpoke fließen zu lassen. Nicht zu vergessen Helmut Kohls Omertà, das Schweigegelübde zum Schutze seiner Geldgeber.

Wie viel Geld hat der Medienmogul Leo Kirch der CDU für die Einführung des Privatfernsehens denn nun gezahlt? Vielleicht hat der Riese aus Oggersheim die Antwort ja testamentarisch hinterlegt? Doch wen interessiert das noch im Schunkelcamp der bundesdeutschen Medien- und Freizeitgesellschaft? Lassen wir die Kirche im Dorf. Wir wollen es gar nicht mehr wissen. Angesichts der Taten eines Cavaliere Berlusconi sind die Delikte eines Dr. Kohl nun wirklich Kavaliersdelikte. Außerdem macht das Privatfernsehen zwar dümmer, aber es bringt einen nicht um.

Angela Merkel hat sich selbstverständlich nicht an ihr Versprechen aus dem Jahre 2000 gehalten. Der Erhalt der Macht hat seine eigene Logik. Merkel hat ihre Partei in die Mitte der Gesellschaft geführt, ins Eldorado der Demoskopen. Hier lassen sich mit einfachen Mitteln Menschen ihre Stimme abluchsen. Das hat es in Deutschland noch nie gegeben und es ist auch erst nach 30 Jahren Privatfernsehen möglich – mit drei Sätzen eine Wahl zu gewinnen: »Sie kennen mich. Bitte geben Sie mir Ihre Stimme. Einen schönen Abend noch!« Frauen fühlten sich besonders angesprochen. 44% aller Wählerinnen haben sich für Frau Merkel entschieden. Sie hat eine klare Sprache und Schränke voller Blazer. Damit bringt sie Farbe in die CDU. Sie versucht nicht, rhetorisch zu brillieren, sondern bevorzugt den matten Glanz der Bernsteinkette. Sie wirkt bescheiden, aber sie ist ausdauernd und reitet den Tiger, bis er auf den Eiern sitzt.

Merkel bleibt. Irgendwann muss sie gehen und dann gibt es einen wunderbaren Zapfenstreich. Natürlich vor dem Brandenburger Tor. Oder vielleicht in Sanssouci? Das Heeresmusikkorps wird ihr einen Musikwunsch erfüllen und dann wird sie sich uns offenbaren. Was wird erklingen? Irgendwas von ABBA? DANCING QUEEN? Oder WEISSE ROSEN AUS ATHEN? AKROPOLIS ADIEU, BYE BYE AUF WIEDERSEHEN? Das diplomatische Korps wird jubeln und dann zieht Angie sich die Perücke runter und HAPE KERKELING steht da! Viele Deutsche werden denken: Wir haben es geahnt, mit der Frau stimmt was nicht!

Last Upgrade Bellevue

Ich habe aufgehört, daran zu leiden, aber Deutschland hatte nie eine richtige Revolution. Keiner unserer Kaiser oder Könige hat je den Weg aufs Schafott gefunden. Immerhin haben wir 2011 Baron zu Guttenberg mit Hilfe des Internets aus dem Amt gegoogelt und ein Jahr später den amtierenden Bundespräsidenten im deutschen Blätterwald zur Strecke gebracht. Aus satirisch-parasitischer Sicht war das ein Fehler, denn Wulff war Merkels Geschenk an die Liebhaber des politischen Kabaretts. Was will der Spötter mehr? Ein Mann, der sich für vorbildlich hielt und doch nur Abbild war. Wovon? Vielleicht von Leuten, die den Button »Nie wieder Passat« auf ihren Audi kleben. Wulff war der erfolgreiche Vertreter einer Schnäppchenjäger- und Punktesammlerkultur. Bellevue war sein letztes Upgrade. »Nie wieder Ministerpräsident« wäre ein schönes Graffito am Portal von Bellevue gewesen und hätte sich auch als Tattoo auf dem Schulterblatt von Gattin Bettina gut gemacht.

Über das rätselhafte Amt des Bundespräsidenten gibt es verschiedene Ansichten: Das Amt ist so leer wie das Grab des Erlösers am Ostersonntag, aber die Erwartungen sind hoch. Profaner gesprochen: Das Amt ist nur eine schlaffe Hülle, die der Inhaber selbst aufblasen muss. Im Gegensatz dazu steht die Auffassung vom Amt als Persönlichkeitsprothese. Große Räume, moderne Kunst, 150 Mitarbeiter, Bodyguards und Flugbereitschaft: Das hebt das Selbstbewusstsein. Auch die Demokratie hat ihre roten Schuhe aus feinstem Kalbsleder. Da der Bundespräsident im Gegensatz zum Papst aber nun wirklich nichts zu sagen hat, muss er reden, was das Zeug hält. Dutzende von hoch qualifizierten Fachleuten für Ethik, Moral, Geschichte und Politik stehen dem Präsidenten mit gespitztem Griffel bei, wenn es gilt, Denkanstöße zu geben, Diskussionen anzuschneiden und Bananenflanken in den Strafraum der deutschen Geschichte zu schlagen. Der Bundespräsident gibt Vorlagen aus der Tiefe des Raumes. Es ist ihm nicht erlaubt, direkt auf das Tor zu schießen.

Wir hätten Wulff nicht gehen lassen dürfen. Wir hätten ihn ermuntern müssen, durchzuhalten. »Verschanzen Sie sich auf Bellevue, Herr Präsident, und halten Sie sich einfach die Ohren zu, wenn die Wutbürger ›Wulffsschanze‹ rufen.« Nun ist Wulff weg. Was hat er hinterlassen? Einen einzigen Satz von großer Bedeutung: »Der Islam gehört zu Deutschland.« Das war mutig, wenn auch etwas kryptisch. Ich hätte mir noch weitere Sätze dieser Qualität gewünscht: »Voodoo gehört zu Deutschland!« Vielleicht als Weihnachtsansprache mit einer Angela-Merkel-Puppe in der Linken und Nadeln in der Rechten?

Als Wulff zurücktrat, ist mir aufgefallen, dass seine Frau Bettina völlig regungslos dastand. Man hatte den Eindruck: Diese Frau ist nicht zurückgetreten, die hätte auch unter Gauck noch weitermachen können.

Der Muff von 1000 Jahren

»Die deutsche Eiche, unansehnlich in den ersten
Jahren, oft krumm und zu Boden gebeugt, erwacht der
Jungeiche zwischen dem zwölften und fünfzehnten
Lebensjahr das Selbstgefühl – treibt ein erstes
Stämmchen hoch und nun, von Jahrzehnt zu Jahr-
zehnt Ringe um Ringe schließend, trägt sich der
Baum mit hundert Sommern zu dem empor, was eine
deutsche Eiche vermag. Und dann fürchtet sie nichts
mehr. Bis zu tausend Metern steigt sie ins Gebirge
hinauf und im kalten Osten setzt erst der Ural ihrem
Vormarsch eine Grenze.«
Ludwig Franck, Die Seele des Waldes – Ein Buch deut-
scher Baum-Charaktere, 1937

Der Begriff »Reichskristallnacht« wurde 1988 anläss-
lich seines 50. Geburtstages abgeschafft. Was sich am
9. November 1938 ereignete, trägt seitdem den Namen
»Reichspogromnacht«. Auf Reich konnte offenbar
nicht verzichtet werden.

Wenn das der Führer wüsste!

Hitler hat sich umgebracht, die Leiche wurde angezündet, aber der Führer – das wissen wir seit »Schtonk!« – wollte nicht brennen. Mit einem Kanister Benzin auf Bezugsschein wurde nachgeholfen. Die Reste gingen nach Moskau. Aber er ist ja bekanntlich wieder da! Unweit des Holocaust-Mahnmals bei Madame Tussauds. Als Heim-ins-Reich-Lektüre und natürlich im Kino. Früher galt noch das Gebot: »Du sollst dir kein Bild vom Führer machen!« Aber der Bann ist seit 2004 gebrochen. Der Untergang! Adolf Hitler als Bruno Ganz. Großartiges deutsches Kino – mit Lachgarantie, was ja gerade bei blutschweren Themen Gold wert ist! Gegen Ende ruft der Führer nach einem Standesbeamten. Der Führer möchte heiraten. Niemand weiß, warum, wahrscheinlich aus Steuergründen. Man darf nicht vergessen, dass Hitler dem Ehegattensplitting zu bis heute geltendem Steuerrecht verholfen hat. Also Hitler will heiraten und da fragt doch der Standesbeamte: »Mein Führer, ich muss Sie was fragen: Sind Sie eigentlich arisch?« Da hab' ich von hinten ins Kino spontan hineingerufen: »Natürlich nicht, das sieht man doch!« Ein böses kollektives Zischen war die Antwort. Die Deutschen mögen das nicht: Führerwitze, wenn der Führer im Raum ist. Wir werden uns wieder an Hitler gewöhnen müssen.

Dank BILD und SPIEGEL sind wir ja nicht ganz entwöhnt! Nach dem Schweizer Hitler Bruno Ganz gibt es ja schon zwei weitere Freiwillige an der Hitlerfront: Der österreichische Hitler Tobias Moretti und Helge Schneider als deutscher Hitler. Ich habe das sichere Gefühl, Helge wird nicht der letzte Hitler gewesen sein. Irgendwann sitzen bei Maischberger die führenden deutschen Führer-Darsteller auf dem Sofa. Der nächste Führer kommt bestimmt!

Die paar Tage noch

Waren sie wirklich so hart wie Kruppstahl und so flink wie Windhunde? Was Guido Knopp nicht erfragt hat, das werden wir niemals wissen. Es ist spät geworden.

Die Lederzähen mit dem langen Leben verschwinden nach und nach. Wie durch einen historischen Zufall fanden in den letzten Jahren einzelne der selten gewordenen Täterexemplare doch noch zu ihrem gesetzlichen Richter, dem sie sich so lange hatten entziehen können. Das gehört zum Grundwissen Bundesrepublik: Die deutsche Justiz hat nach dem Zweiten Weltkrieg auf breiter Front versagt. Wenn es um Täter aus den eigenen Reihen ging, dann ist Versagen gar kein Ausdruck. Seit einigen Jahren gehört es zum guten Ton, dass große Firmen und Konzerne Historiker in ihre Archive schicken und die Leichen aus dem Keller holen lassen. Die Wirtschaft geht mit gutem Beispiel voran und die Politik kann kaum folgen.

Immerhin hat Außenminister Joschka Fischer seinerzeit dem Auswärtigen Amt die historische Gewissenserforschung erfolgreich aufs Auge gedrückt. Könnte das Justizministerium sich dazu durchringen, die eigene Geschichte einer Revision unterziehen, erführe die Rechtskultur in unserem Lande ohne Zweifel eine Bereicherung. Auch das ehemalige Reichssicherheitshauptamt in Wiesbaden hat inzwischen Einsicht in die eigenen Akten gezeigt und selbst der Verfassungsschutz weiß heute über alte und neue Nazis in den eigenen Reihen in der Regel gut Bescheid, darf aber im Interesse der Staatssicherheit die Öffentlichkeit nur sehr begrenzt an diesem Wissen teilhaben lassen. Aber irgendwann kommt sowieso alles raus. Nur keine Eile. Wir können warten. Der Nationalsozialismus ist biologisch abbaubar.

Hitlers Karteileichen

Der biologische Kontakt zum Dritten Reich reißt ab. Kultur-
botschafter Jopie Heesters hat ihn lange gehalten, aber der Faden ist gerissen. Es bleibt nur noch Professor Guido Knopp,
der offizielle Geschichtspornograph des ZDF, mit seiner indi-
rekten Führerbeleuchtung. Und vielleicht noch hin und wieder ein hausgemachter Originalskandal im Retrolook: Dieter
Hildebrandt und Martin Walser in der NSDAP. Mit 17, so
jung und schon Karteileichen! Und Günter Grass mit 17 in der
SS? War das kriegsentscheidend? Grass ist ein tragischer Fall:
Laut Geburtsurkunde schreibt sich der Dichter mit einem
scharfen S. Lange bevor das scharfe S ein Opfer der deutschen
Rechtschreibreform hätte werden können, kurz nach der
»Blechtrommel«, konvertierte Graß zum SS. Das hatte ver-
mutlich einen einfachen Grund: Mit einem scharfen deut-
schen »ß« im Namen steht man auf dem internationalen Buch-
markt auf verlorenem Posten. Aus einem Günter Graß wird in
Amerika schnell Gunter Grab. Who the fuck is this Grab?
  Die Grass-Debatten sind nicht ehrlich. Grass geht vielen
Menschen auf den Wecker. Das ist sein gutes Recht. Grass ist
Sozialdemokrat wider besseres Wissen. Aus dieser Spannung
heraus inszeniert er seine literarischen Anstrengungen. »Vom
Häuten der Zwiebel« – das könnten überanstrengte Lebenser-
innerungen eines Drei-Sterne-Kochs sein, aber es ist nun mal
das Werk unseres Literaturnobelpreisträgers. Das sollte man
ganz entspannt sehen. Menachem Begin und Jassir Arafat haben als alte Bombenleger den Friedensnobelpreis erhalten.
Warum sollte man dem Grass die höchste Auszeichnung seines

Metiers verwehren? Grass ist eine gelungene Mischung aus Provokateur und Prügelknabe. Grass ist aber auch Stilist und das kann schrecklich sein: Aus allgemein zugänglichen Informationen zum deutschen Waffenexport ein Gedicht zu drechseln, das gar keines ist, sich aber durch den Zeilenumbruch den Anschein gibt: Das ist Gelsenkirchener Moralbarock.

Im Klartext: Deutschland liefert Israel alles, was das Siedlerherz begehrt. Auch konventionelle U-Boote, die aber zugleich atomare Gefechtsköpfe verschießen können. Israel hat 150 Atomspreng- und einige Dummköpfe in der Regierung. Der Iran hat sich gerade von einem wahnsinnigen Ministerpräsidenten verabschiedet und damit den Zünder aus seiner Bombe herausgedreht. Ja, es gibt auch gute Nachrichten!

Nichts gegen eine Poesie der Todesfurcht und Weltsorge, aber wenn es um Kritik an Netanjahu und die »Irren von Zion« (Henryk M. Broder) geht, bevorzuge ich Prosa.

Ein Abriss deutscher Geschichte

Die Mauer war gefallen. Unter den Linden stand noch Schinkels Neue Wache, das Mahnmal der DDR für die Opfer von Faschismus und Militarismus. Unbewacht – die Wachsoldaten des Friedrich-Engels-Regiments abgezogen, die Volksarmee längst aufgelöst. Das Gebäude im Stile des romantischen Klassizismus stand jetzt unter Denkmalschutz. Die Neue Wache von 1818 sollte ursprünglich an die Gefallenen der Napoleonischen Kriege erinnern. 1931 wurde die Wache zu einem Ehrenmal für die – wie man früher gern abmilderte – »im Krieg gebliebenen Soldaten« des Ersten Weltkriegs umgestaltet. Der Zweite Weltkrieg zerstörte die Wache und die DDR baute sie von 1957–60 wieder auf.

Die Vereinigung der beiden deutschen Staaten steigerte das Verlangen nach sinnstiftender Erschließung deutscher Geschichte. Aus dem alten Kriegerdenkmal war schon in der DDR ohne architektonische Metamorphose ein Opferdenkmal geworden. Aber die Opfergemeinschaft, welche die Neue Wache beherbergte, war dem Kanzler der Einheit für das neue Deutschland im alten Stil nicht repräsentativ genug. Kohl walzte die alte Widmung platt. Faschismus und Militarismus sind Fremdwörter. Auf gut Deutsch heißt das: Krieg und Gewaltherrschaft. Die Formel hatte den Vorteil, dass die DDR unter Gewaltherrschaft einsortiert werden konnte, während der gefallene deutsche Soldat neben die zivilen Opfer der alliierten Luftangriffe gebettet werden konnte.

Wie muss ein solches Mahnmal aussehen? Der Kanzler der Einheit wollte es schlicht und ergreifend. Auf seinem Schreibtisch stand die Miniaturkopie einer Statue von Käthe Kollwitz. Eine Pietà mit dem einfachen Titel »Mutter und Sohn«, gewidmet »allen Opfern von Krieg und Gewalt«. Der Einheitskanzler ließ die Plastik zu einer Art Oggersheimer Barock aufplustern und in der Neuen Wache abladen und ernannte das Ensemble zur zentralen Gedenkstätte der Bundesrepublik Deutschland. Es hagelte Proteste. Was sollen Juden mit der christlich inspirierten Pietà in einem ehemaligen Kriegerdenkmal anfangen? Warum hat der Kanzler niemanden gefragt? Ist es nicht doch ein Kriegerdenkmal, so wie Käthe Kollwitz es interpretiert hatte, als Erinnerung an den Opfertod junger Kriegsfreiwilliger?

Der Kanzler hielt seinen Denkfehler auch noch Jahre später für die richtige Entscheidung. Inzwischen wurde der Ruf nach einem Denkmal für die ermordeten Juden lauter. Der Berliner Senat schrieb dann 1995 einen Wettbewerb aus. 528 Entwürfe, die man heute im Internet vergeblich sucht, wurden eingereicht. Die Jury wählte eine gigantische schiefe Ebene aus Beton mit den eingemeißelten Namen aller jüdischen Opfer. Kohl lehnte ab. Neue Ideen wurden eingeholt und schließlich wurde der Entwurf des New Yorker Architekten Peter Eisenman und des Bildhauers Richard Serra ausgewählt. Kohl war nicht zufrieden und intervenierte ganz nach seinem Geschmack. Diesmal wurde das Objekt nicht aufgeblasen, sondern geschrumpft. Das Denkmal war jetzt nicht mehr höher als der Bonner Kanzlerbungalow.

Der Bildhauer Serra erkannte sein Werk nicht wieder und stieg aus. Eisenman machte weiter und schuf ein Memorial, das er selbst als »place of no meaning« bezeichnete. Freundlich übersetzt, könnte das heißen: ein Ort, der keine Interpretation erzwingen will, dafür aber jüdische Kritiker erzürnte. Haben wir hier eine Berliner Außenstelle des Reichsparteitagsgeländes in Nürnberg? Bei solchen Vergleichen jubeln Nazis: Hier entsteht das Fundament für die neue Reichskanzlei. Immerhin zeigen sich schon die ersten Risse im Beton.

Ich persönlich fand den Memorialentwurf von Horst Hoheisel ansprechend. Der Künstler schlug vor, ein Opfer von großer Symbolkraft zu erbringen, und hat sich das Brandenburger Tor ausgesucht. Das Wahrzeichen der Nation als neoantikes Trümmerfeld? Als Sandplatz mit Quadriga!? Nicht ganz! Hoheisels Idee war noch radikaler. Das Brandenburger Tor sollte zermalmt und der Staub auf dem Ort des Gedenkens mit Granitplatten abgedeckt werden. Allein die Debatte über diese Art, zu gedenken, hätte ich gerne erlebt.

Kaliber 68

»Die Alt68er wollen nur noch ins Kabinett.
Dort werden sie all das mit Zähnen und Klauen
verteidigen, was sie in ihrer Jugend bekämpft
haben.«
Franz Walter

Der Mief von 68

Der beste Spruch aus der goldenen Epoche der 68er ist und bleibt: »Unter den Talaren – der Muff von 1000 Jahren!« Sauber gereimt, die Metrik stimmt und der Inhalt kommt nicht plump, sondern als elegante Anspielung daher, so als hätte Meister Goethe selbst zur Feder gegriffen und Mephisto sprechen lassen. »Einfach klassisch!«, möchte man ausrufen.

Was die Beurteilung der ruhmreichen Zeit des demokratischen Aufbruchs unter Führung von Dutschke & Co angeht, so bin ich etwas befangen. Ich habe den älter werdenden 68ern nicht nur sehr lange beim Jubilieren zugeschaut, ich habe selbst am Rande immer wieder mitgefeiert, obwohl ich nun wirklich nicht dazugehöre. Oder doch? Hatte ich nicht 1968 in Betzdorf an der Sieg im Fußballstadion, beim Spiel der Eisenbahnersportgemeinschaft gegen Eintracht Frankfurt, ältere Schüler in olivgrünen Parkas »Ho-Ho-Ho-Chi-Minh« rufen hören und spontan in den Chor mit eingestimmt? Ich wusste nichts vom Vietkong oder über den Vietnamkongress des SDS, aber ich spürte, dass es um etwas Wichtiges ging. Es hatte mit den Städten zu tun, die fast jeden Abend in der Tagesschau genannt wurden: Quang Tri, Da Nang und Hai Phong. Es war Krieg. 1967 während des Sechstagekriegs im Nahen Osten hatte meine Mutter noch auf Anraten der Großtante einen Konservenvorrat angelegt. Aber Vietnam, das war der Ferne Osten, kein Grund zur Beunruhigung.

Den Muff von 1 000 Jahren oder das, was gerne dafür gehalten wurde, habe ich damals auch schnuppern dürfen. Er kam mir in Gestalt unseres Turnlehrers entgegen. Herr Haas führte ein eisernes Regiment. Sportunterricht konnte man das damals kaum nennen, es waren Leibesübungen und Strafexerzieren bei Unlust oder Schwäche. Zum Schulbeginn kam ich als Sextaner mit einer sehr individuellen, roten Sporthose in den Turnunterricht und wurde sofort ausgemustert: Turnen am Freiherr-vom-Stein-Gymnasium nur in den preußischen Farben: schwarze Hose und weißes Unterhemd. Individuelle Selbstverwirklichung durch Konsum und Warenfetischismus? Nicht mit Turnlehrer Haas! Die rote Turnhose hat sich aber dann doch noch durchgesetzt. Nicht in Betzdorf, aber in Berlin. Der Nonkonformismus kam groß in Mode und schuf sich seine eigenen Uniformen, textil, aber auch mental. Marxistisch wurde zur Muttersprache der Gesellschaftskritik. Plötzlich war alles politisch. Die Rolling Stones sangen »Street Fighting Man« und der süße Duft der Rebellion senkte sich wie Pulverdampf über die Szene. Die hässliche alte Welt der Haken- und Ritterkreuzträger ging unter. Ein stolzer Mythos, der sich von Jubiläum zu Jubiläum eindrucksvoller erzählen ließ. Zu einer Revolution hat es nicht gereicht, aber die 68er feiern sich heute gerne selbst, als Inbegriff der überfälligen demokratischen Modernisierung.

»Moderner, urbaner und liberaler«, schreibt der Politologe Franz Walter, »wurde die Republik jedenfalls längst vor 1968.« Die APO war nicht der Auslöser der Modernisierung, sie war vielmehr ihr »Auswurf«. Auch die 68er dunkelten beim Älterwerden nach und ihr Materialismus war gar nicht mehr dialektisch.

Die Silberbüchse und das Delta der Venus

Betzdorf an der Sieg am Rande des Westerwaldes. Irgendwann ganz am Ende der 60er-Jahre. Sonntagnachmittag, 14.30 Uhr. Jugendvorstellung im Filmtheater. Sie erinnern sich alle noch an die großen Kinos, die es früher gab. Das Gestühl mit abgewetztem rotem Samtcord, der Vorhang purpurschwer. Werbung, wenn überhaupt, nur mit Hilfe verstaubter Dias. Das Kino brechend voll. Der Gong ertönt und der Vorhang geht auf. Nach der Wochenschau die Vorschau. Alle warten auf »Hurra, die Schule brennt!« und Heintje.

Aber es sollte anders kommen: Hausfrauen-Report, 1. Teil. Deutschland privat! Der Schornsteinfeger greift mit rußgeschwärzten Händen auf dem Speicher nach den weißen Brüsten einer Frau, die gerade ihre Wäsche aufhängt und folgerichtig nackt ist. Schnitt. Tatortwechsel. Die Kamera fährt abwärts über den Körper und verweilt in der Beckengegend. Ein orangefarbener Slip in Großaufnahme. Zwei betont laszive Finger öffnen einen gewagten Reißverschluss, der direkt über den Venushügel führt. Eine Gratwanderung! Atemlose Stille im Publikum. Augen treten aus den Höhlen. Absolutes Neuland tut sich auf. Das sagenumwobene Delta der Venus. Tiefschwarzes undurchdringliches Dickicht kommt zum Vorschein. Ich wusste schon damals: Irgendwo in diesem Dschungel war etwas von enormer Bedeutung, eine geheimnisvolle, verbotene Frucht, deren lateinischen Namen ich später des Öfteren im Großen Brockhaus nachschlug. Die Kamera fährt direkt darauf zu! Schnitt! Aus! Ende des Aufklärungsflugs. Der Vorführer hatte seinen Fehler bemerkt.

Nach kurzer Pause ging es direkt in den Hauptfilm. Winnetou, 3. Teil – Pierre Brice und Lex Barker, unsere Idole aus der Haferflockentüte. Old Shatterhand lässt den Henrystutzen sprechen und Winnetou zeigt seine Silberbüchse. Das Delta der Venus ist schnell vergessen und die Zeit verfliegt. Die Indianer haben sich unter der Führung von Old Shatterhand und Winnetou vor einer Privatarmee von Ranchern und Banditen in eine Felsenlandschaft zurückgezogen. Jeden Moment muss die rettende Armee anrücken. Wo bleibt die Armee? Der Gouverneur hat versprochen, zu helfen! Der Schnauzbartbandit Rollins bringt sich in Schussposition auf Old Shatterhand, Winnetou entdeckt ihn in letzter Sekunde, hechtet und fängt die Kugel mit dem Herzen. Er stirbt unter den Trompetensignalen der herangaloppierenden Kavallerie. Das Ende ist bekannt und trostlos. Die Blauröcke besiegen ihre bleichgesichtigen Brüder.

Wir Kinder haben es der Kavallerie nie verziehen, dass sie zu spät kam und Winnetou sterben musste. Vielleicht liegt hier die Wurzel unseres tief sitzenden Antiamerikanismus. Ich habe damals geheult! Winnetou war tot. Beim Verlassen des Kinos grinste uns ein Plakat an: Hausfrauenreport, 2. Teil. Die 70er-Jahre hatten begonnen. Ein Report jagte den nächsten. Die Gesellschaft ließ uns nicht mehr in Ruhe Indianer spielen. Oswalt Kolle klärte uns auf und Willy Brandt verspürte wenig Lust, mehr Demokratie zu wagen. Die Sexwelle rollte mit einer solchen Wucht, dass sie noch 1985 in Kohls Privatfernsehen hineinschwappte. Das war sie, die geistig-moralische Wende.

fcku!

Die faschistoide Einbauküche

Ist die Schlacht bei Retrograd rückwirkend doch noch zu gewinnen? Mit einer Nostalgieattacke! »Schlagt die Faschisten, wo ihr sie trefft.« Allzeit bereit, immer ein »Schlagwort auf der Zunge: Reaktionär! Faschistisch! Zumindest faschistoid! Nein doch, faschistisch! Das Stichwort als Waffe. Wie ein Entermesser haben wir es nach Piratenart zwischen den Zähnen getragen: »Der da ist ein Faschist!«, »Dieses Lied faschistoid!«. Es gab der Faschismen viele. Faschismus nach Gutsherrenart. Kleinbürgerlicher Faschismus. Sozialfaschismus. Resopalfaschismus! Jawohl!

Die bürgerliche Einbauküche war für mich irgendwie faschistisch – oder zumindest faschistoid. Die bürgerliche Einbauküche kann auch durch ihre glänzende Resopalfassade nicht verschleiern, dass es ihr wesentlich um die funktionale Gleichschaltung des gesamten Küchenapparates geht. Die bürgerliche Einbauküche – und alle Einbauküchen sind bürgerlich – ist Ausdruck faschistoiden Ordnungsdenkens: Platz für alles, aber alles an seinem Platz! Hier sind alle Tassen im Schrank entfremdet. Tassenbewusstsein kann nicht gebildet werden. Ein Tassenkampf findet nicht statt, weil die Tassenfrage nicht gestellt wird. Die Frage nach der soziologischen Substanz der Einbauküche zu stellen heißt, ihren Unterbau zu kritisieren. Hier regiert die Spanplatte, die kollektiv deformierte Holzspäne unter Druck und mit dem Leim des falschen Bewusstseins zu einem Spanplattenganzen zwingt. Kampf der Spanplatte! Kampf dem Resopal international!

Lieben Sie Brahms?

Was für eine Frage! Natürlich liebe ich Johannes Brahms, allein schon wegen des Cello-Solos in seinem Zweiten Klavierkonzert. Aber ich liebe auch den jungen Karl Marx: »Die Kritik ist keine Leidenschaft des Kopfes, sie ist der Kopf der Leidenschaft!« Das ist für mich wie »Rondo alla zingarese«! Wie bitte? Ja, der 4. Satz des Klavierquintetts in g-moll. Ich assoziiere Marx mit Brahms. Warum nicht? Marx ist das gewohnt, aus den 60er- und 70er-Jahren des letzten Jahrhunderts: Marxismus und Psychoanalyse und Theologie und Biologie und Archäologie sowie Eschatologie. Alles war möglich. Sogar Marxismus-Leninismus!

Marxistisch war die Umgangssprache der Linken, das Esperanto der babylonischen Sprachverwirrung. Ich selbst habe damals nur gebrochen Marxistisch gesprochen und auch nicht immer alles verstanden, vor allem dann nicht, wenn es um die späten Kompositionen ging. Aber Marxistisch war Pflichtfach für alle, die was ändern wollten. Berufsrevolutionäre und echte Amateure der Weltverbesserung haben sich damals auf Marxistisch unterhalten, wobei »unterhalten« das falsche Wort ist, weil es nach Ablenkung klingt. Nein, Marxistisch war die Sprache der Analyse, der Kritik und der besseren Argumente. Und darum ging es ja! Marxistisch gehört inzwischen zu den toten Sprachen. Es ist ja alles ausdiskutiert. Hat irgendjemand Rudi Dutschke wirklich verstanden? Seinen Versuch, Lenin im Diskurszirkus vom Kopf auf die Füße zu stellen? Direkt neben Hegel? Das hat kein Schwein verstanden. Irgendwann werden Theorien zur Glaubenssache.

Lenin hat geschrieben, so war es jedenfalls in der Schaufensterauslage eines Miederwarengeschäftes in der DDR zu lesen: »Die Lehre von Karl Marx ist allmächtig, weil sie wahr ist.« Ein Satz, den man noch besser versteht, wenn man ihn ins Lateinische übersetzt: *Praeceptum Marxense omnipotens, quod verum est.* Der Marxismus war eine säkulare Religion, und wie bei fast allen Religionen neigt die Anhängerschaft dazu, sich zu streiten, Sekten zu bilden und bei Gelegenheit übereinander herzufallen. Friedrich Engels schrieb 1851 – nur drei Jahre nach dem »Kommunistischen Manifest« an seinen Freund: »Was soll uns, die wir auf die Popularität spucken, die wir an uns selbst irre werden, wenn wir populär zu werden anfangen, eine ›Partei‹, das heißt eine Bande von Eseln, die auf uns schwört, weil sie uns für Ihresgleichen hält?«

Ich lese von Zeit zu Zeit gerne in den Schriften von Marx. Dazu lege ich dann Brahms auf und mache immer wieder die Feststellung: Man muss nicht Marxistisch können, um Marx zu verstehen.

Das deutsch-französische Rumpelstilzchen

Daniel Cohn-Bendit ist der Erfinder von Joseph Fischer. Helmut Kohl hatte gerade Helmut Schmidt abgelöst, da träumte der strategische Meisterdenker schon von einem rot-grünen Bündnis auf Bundesebene, mit Fischer als Außenminister. Eine kühne Vision, zumal weder er selbst noch Fischer damals Mitglied der Grünen waren. Aber Cohn-Bendit machte alle klar zum Entern der Frankfurter Grünen und schon zwei Jahre später wurde Joschka Fischer hessischer Umweltminister. Eine erstaunliche Metamorphose nahm ihren Lauf.

Cohn-Bendit gehört zu den Glücklichen, denen früher Ruhm das Startkapital für eine dauerhafte politische Selbstvermarktung bescherte. Ganz nach dem Motto des Dadaisten Francis Picabia: »Unser Kopf ist rund, damit das Denken die Richtung wechseln kann.« So wurde aus dem Pariser »anarchistischen Marxisten« über den Frankfurter Sponti ein grüner Realo, der in den 80er-Jahren den rechten Antikommunismus links überholen wollte.

Flogen zwanzig Jahre nach dem Pariser Mai autonome Eier auf den Meister der fortschrittlichen Selbstinszenierung, gab er den Anarchoclown und versuchte, sie aufzufangen. Zum dreißigjährigen Barrikadenjubiläum bekam Dany le Rouge an seiner früheren Wirkungsstätte, der Universität Paris-Nanterre, eine Sahnetorte ins Gesicht. Solche Attentate überlebt man gerne, denn sie verstärken die öffentliche Resonanz und beweisen die provokative Spannkraft.

1974 beteiligte sich Cohn-Bendit an einer spektakulären Aktion. Jean-Paul Sartre besuchte Andreas Baader in Stammheim. Cohn-Bendit wollte übersetzen, was sich der Philosoph und der Terrorist zu sagen hatten. Aber das Justizministerium bevorzugte einen vereidigten Dolmetscher. Auf der Rückfahrt wollten Sartres Begleiter wissen, welchen Eindruck er von Baader habe. Die Antwort des Philosophen lautete: »Arschloch«. Der Mann der Résistance hatte wohl versucht, der RAF klarzumachen, dass die Revolution auf sie verzichten kann.

Drei lange Jahre später – nach der Erstürmung der entführten »Landshut« in Mogadischu, dem Selbstmord von Baader, Ensslin und Raspe in Stammheim und der Ermordung von Hanns Martin Schleyer – erklärte Cohn-Bendit die RAF für militärisch und moralisch gescheitert. Damit war es zumindest halbamtlich: Die RAF gehörte nicht mehr zur Familie der antiautoritären Linken im Geiste von 68.

Glücklicherweise steht Cohn-Bendit selbst für »das Gute am Mai 68« (Joschka Fischer) und daher waren jene Barrikadentage eine unerschöpfliche Quelle des reifenden Nachruhmes. Zum 50. Geburtstag erinnert Fischer daran, dass Dany le Rouge die französische Republik verwirrt und deren Staatspräsidenten Charles de Gaulle fast gestürzt hätte. Freundlicherweise verrät uns Fischer Cohn-Bendits Erfolgsrezept, und das heißt schlicht: Eine antiautoritäre Wirkung lässt sich nur mit autoritären Mitteln erzielen. »Sponti-Politik« ist Zwangsvollstreckung der besseren Argumente. Für eine gut gelingende Karriere muss man die richtigen Leute zur richtigen Zeit treffen. Zum Beispiel eben Jean-Paul Sartre. Der fragte 1968 höchstpersönlich und öffentlich Cohn-Bendit: »Wie analysieren Sie die Bewegung, die Sie selbst entfesselt haben?« Und Cohn-Bendit fabulierte wild drauf los: vom Ende der Idee einer »dirigierenden Avantgarde« und von der neuen Theorie der »handelnden Minderheit«. Sie sei der »immerwährende Gärungsstoff« und treibe die »Aktion vorwärts, ohne sie lenken zu wollen«. »Unkontrollierbare Spontaneität« war das Zauberwort des Aufstands. Auf die staatsbürgerlich besorgte Frage, was die neue soziale Bewegung denn an die Stelle des Zerstörten setzen wolle, bekam Sartre die polternde Antwort: »Die Welt wäre sehr beruhigt, wenn wir verkündeten: Das sind unsere Ziele und hier sind die Methoden. Dann wüsste man, mit wem man es zu tun hat, und könnte eine Front gegen uns aufbauen.« Anonym bleiben und große Wirkung entfalten, das erinnert ein bisschen an das Rumpelstilzchen, das ja bekanntlich nur so lange Erfolg hatte, wie man es nicht beim Namen nennen konnte. Und tatsächlich, Dany le Rouge gesteht in seiner viel bewunderten exzessiven Offenheit seine Lebensrolle: »Ich war das Rumpelstilzchen!« Schon während seiner Schulzeit hatte er diese Rolle mit großer Hingabe gespielt. »Das war ein sehr großer Augenblick in meiner Jugend: Ich hatte die ganze Bühne für mich und durfte springen und schreien. Das gefiel mir ganz enorm.« Das 68er-Rumpelstilzchen ist inzwischen selbst 68 und hat sich beruhigt. Es fuchtelt nicht mehr mit den Armen, stampft nicht mehr auf und echauffiert sich nicht mehr durch die deutsche Sprache.

Rumpelstilzchen will auch nicht mehr partout Recht behalten. Der Europaparlamentarier Daniel Cohn-Bendit wurde 2013 in Stuttgart mit der Theodor-Heuss-Medaille für sein demokratisches Engagement und seine Bemühungen um die deutsch-französische Verständigung geehrt. Draußen standen Demonstranten, die ihm seine sexuellen Beobachtungen an

Kleinkindern aus dem Jahre 1975 vorhielten. »Ich konnte richtig fühlen, wie die kleinen Mädchen von fünf Jahren schon gelernt hatten, mich anzumachen.« Selbstverständlich muss man die »Erfahrungsberichte« des Dauerjubilars aus der enthemmten Zeit heraus verstehen. Die politische Arbeit mit Erwachsenen war enttäuschend verlaufen und die eigene sexuelle Befreiung ein mühsames Geschäft. Also wandte man sich auf der Suche nach einem Leben ohne eigene sexuelle Repression den Kindern zu. Cohn-Bendit hat sich in Stuttgart erinnert und geweint. Mehr Reife kann man nicht verlangen!

De revolutionibus

»Der Kommunismus, obgleich er jetzt wenig
besprochen wird und in verborgenen Dachstuben auf
seinem elenden Strohlager hinlungert, so ist er doch
der düstre Held, dem eine große, wenn auch nur
vorübergehende Rolle beschieden in der modernen
Tragödie und der nur des Stichworts harrt, um auf
die Bühne zu treten. Wir dürfen daher diesen Akteur
nie aus den Augen verlieren, und wir wollen zuweilen
von den geheimen Proben berichten, worin er sich
zu seinem Debüt vorbereitet.«

Heinrich Heine

Die Unruh der Revolution

Vormärz wird die Zeit gerne genannt, in der sich ein deutscher Frühling schneeglöckchengleich ankündigt. Vormärz steht für vorwärts, aber Vormärz ist realistisch betrachtet Biedermeier: Die deutsche Seele sitzt hinter dem Ofen – Winterzeit. Georg Büchner schreibt 1833 an seine Eltern in Darmstadt: »Wenn in unserer Zeit etwas helfen soll, so ist es Gewalt.« Aber: »Die deutsche Indifferenz ist wirklich von der Art, dass sie alle Berechnung zu Schanden macht.« Peng! Etwas ist faul in deutschen Landen, aber die Zeit ist nicht reif.

Der Aufruf des »Hessischen Landboten« »Friede den Hütten! Krieg den Palästen!« ruft zu allererst die Staatsgewalt auf den Plan. Büchner gerät unter Fahndungsdruck, bleibt aber im Lande und stürzt sich mit seinem genialen Drama »Dantons Tod« in die schwindsüchtige Melancholie des resignierenden Revolutionärs: »Wir haben nicht die Revolution, sondern die Revolution hat uns gemacht!« Und jetzt »frisst sie ihre eigenen Kinder«. Danton ist lebensmüde und sehnt sich nach einem »Asyl im Nichts« und verzweifelt noch an dieser düsteren Hoffnung: »Ja, wer an Vernichtung glauben könnte! dem wäre geholfen. – Da ist keine Hoffnung im Tod; er ist nur eine einfachere, das Leben eine verwickeltere, organisierte Fäulnis, das ist der ganze Unterschied!« Peng!

Der Biologe Büchner flieht ins Leben und setzt im sicheren Straßburg sein Studium fort. Nachts schreibt er. Das ist gefährlich. Er behält die Nerven. Seziert weiter seine Fische und promoviert im Zürcher Exil über deren Nervensystem. »Dantons Tod« wird in Deutschland gedruckt. Auf Wunsch des Verlegers in einer Fassung, an der die Zensur keinen Anstoß mehr nehmen kann. Wie der Herausgeber Karl Gutzkow 1837 selbst schrieb: »Der echte Danton von Büchner ist nicht erschienen. Was davon herauskam, ist ein notdürftiger Rest, die Ruine einer Verwüstung ...«

Im »Danton« spricht ein Sansculotte: »Unser Leben ist Mord durch Arbeit; wir hängen fünfzig Jahre lang am Strick und zappeln; aber wir werden uns losschneiden.« Georg Büchner starb 1837. Im Jahre 1848 wäre er 34 Jahre alt geworden. Vermutlich hätten ihn die Preußen spätestens 1849 erschossen.

Willkommen im Klub. Wir sind die Brüder der romantischen Verlierer. Das Beruhigende an deutschen Revolutionären ist ja, dass man sich auf ihr Scheitern verlassen kann. Radikale Geister werden in fortschrittlichen Kreisen besonders geschätzt, weil sie regelmäßig die Verlierer dieser Welt stellen. Gut, dass es Menschen gibt, die Sand im Getriebe der Welt sind. Aber es muss ja schließlich auch weitergehen. Der Fortschritt knirscht? Gut so! Wer kämpft, kann verlieren, wer nicht kämpft, hat schon verloren. Schön, dass ihr gekämpft habt! Vielen Dank für die Unterhaltung!

Die höchste Auszeichnung, die in deutschen Landen für Literatur zu vergeben ist, trägt den Namen Georg Büchner. Der Name verpflichtet. Heute leider zu nichts mehr. Aber gefühlte Verpflichtung kann auch zu Krämpfen führen. 1987 erklärte Preisträger Erich Fried, dass Büchner sich in der heutigen Zeit doch sehr wahrscheinlich der RAF anschließen würde. Ich liebe retroanalytische Prophezeiungen. Jesus Christus wäre heute bei der PLO, Kaiser Nero bestimmt bei der Freiwilligen Feuerwehr.

Kommt Zeit, kommt Rat, kommt Attentat

Die 80er-Jahre des 19. Jahrhunderts waren Gründerzeit. Preußen hatte Frankreich besiegt und in Versailles das Deutsche Reich ausgerufen. Von den üppigen Reparationen, die Paris zu zahlen hatte, setzte sich Preußen-Deutschland das ein oder andere Denkmal an markanten Punkten der Geografie. An der Porta Westfalica schaut Wilhelm I. seit 1896 weit ins Westfälische. Ein Jahr später saß er hoch zu Ross zu Koblenz am Deutschen Eck. Nachdem er 1945 mit einem Artillerievolltreffer aus dem Sattel gehoben wurde, reitet Kaiser Wilhelm seit 1993 wieder für Deutschland.

Weiter südlich bei Rüdesheim steht seit 1883 die Germania, eine Allegorie des unter dem preußischen Adler geeinten Deutschlands. Am 27. August 1883 reiste die Familie des Kaisers samt Ministerrat zur Einweihung an den Rhein. Zwei Elberfelder Anarchisten hatten zwei Tage zuvor eine Dynamitladung in der Nähe des Denkmals versteckt und eine Lunte gelegt. Als sich der Wagen des Kaisers näherte, zündeten sie die Lunte mit einer brennenden Zigarre und machten sich aus dem Staub. Doch der große Knall blieb aus. Ein langer Nachtregen hatte die Lunte feucht werden lassen.

Nach einem weitgehend wirkungslosen Ersatzanschlag auf eine Festhalle in Rüdesheim reisten sie unbehelligt nach Elberfeld zurück und schwiegen. Im Anschluss an ein gut besuchtes Fest Elberfelder Arbeiter trat einer von ihnen an das Festkomitee heran, das gerade mit der Abrechnung beschäftigt war, und bat um eine Spende für die Reisekosten nach Rüdesheim. Wie der Zufall es wollte, war ein Spitzel im Komitee: Die beiden Anarchisten wurden verhaftet, angeklagt und hingerichtet.

Was aber wäre geschehen, wenn Nobels Dynamit Kaiser Wilhelms Bagage samt Kronprinz zerrissen hätte? Gut, Deutschland hätte sich weiter um einen Platz an der Sonne bemüht und Kanonenboote wären auch vom Stapel gelaufen. Das Germania-Attentat hätte vermutlich auch nicht die Sektsteuer verhindert, mit der die U-Bootflotte so elegant finanziert wurde. Aber wäre es wirklich zum Ersten Weltkrieg gekommen? Ohne Wilhelm II.? Man stelle sich die Folgen einer erfolgreichen Rüdesheimer Karambolage vor: ohne Ersten auch kein Zweiter Weltkrieg, ohne Hindenburg kein Lenin in Petrograd und Hitler in Potsdam. Alles geschah nur wegen eines Nachtregens im Rheingau. Was für eine Idylle hat uns dieser Niederschlag vorenthalten – das unzerstörte Berliner Stadtschloss mit dem herrlichen Reiterstandbild Wilhelms und im Boden eingelassen eine bronzene Gedenkplatte: Die Stiftung Preußischer Kulturbesitz dankt den Elberfelder Bürgern Emil Küchler und Franz Reinhold Rupsch für ihren selbstlosen Einsatz zur Erhaltung preußischer Baudenkmäler.

Das Ekel Alfred der Weltrevolution

Der gelernte Dialektiker Wolf Biermann hat im November 1976 in Köln vorgesungen: »So oder so, die Erde wird rot.« Jubel im Publikum. Biermann macht eine Kunstpause und setzt nach: »Entweder lebenrot oder todrot!« Ruhe auf den Rängen. »Wir mischen uns da 'n bisschen ein, so soll es sein!« Juhu! Und allgemeine Vorfreude.

Er predigte mit »Marx- und Engelszungen« von der Morgenröte einer besseren Welt, die eben nicht nach durchsoffener Nacht heraufdämmere, und widersprach damit energisch dem salvadorianischen Dichterkollegen Roque Dalton, der eine andere Vision hatte: »Der Kommunismus wird sein ein Aspirin von der Größe der Sonne!« Wenn das überhaupt reicht. Mensch, war der Biermann gut, als er noch in der DDR für eine andere DDR sang, schrie und stöhnte. Er war der »preußische Ikarus mit den schweren Flügeln aus Eisenguss« und schwang sich trotzdem auf. Von oben herab gab er dann gern den liebestollen, zweiflerischen Besserwisser. Oft wusste man nicht recht: Spricht da Heine oder Brecht?

Aber Biermann konnte auch anders: 1972, als die westdeutsche Rote-Armee-Fraktion sich mit Bomben in den Vietnamkrieg einmischte und es die ersten Terrortoten gab, diktierte er einem holländischen Journalisten in die Feder: »Sie erwarten doch wohl nicht, dass ich mich von der Roten-Armee-Fraktion distanziere. Ich möchte nicht in den Orden linker Oberpriester aufgenommen werden, die der Baader-Meinhof-Gruppe ihren Segen verweigern. Lenin hat gesagt, dass der erste Schuss erst abgefeuert werden darf, wenn die Revolution losgeht. Die Kommunisten in der Baader-Meinhof-Gruppe setzten ihr Leben für die Gegenthese ein, nämlich, sie wollen beweisen, wenn nicht endlich der erste Schuss losgeht, die Revolution verschlafen und verfressen wird.« Biermann selbst griff zur Gitarre und verklärte Che Guevara als Christus mit der Knarre. Ach, war das erfrischend, wie Biermann den Spießern in den Hintern trat:

>»Der legendäre Kleine Mann
>Der immer litt und nie gewann
>Der sich gewöhnt an jeden Dreck
>Kriegt er nur seinen Schweinespeck
>Und träumt im Bett vom Attentat
>– die hab ich satt!«

Nach solchen Tönen schluckten wir auch Lieder wie: »Die DDR auf Dauer, braucht weder Knast noch Mauer«. Wer da Ironie witterte, der musste sich vom Meister sagen lassen, die DDR sei zwar etwas vom Weg abgekommen, aber doch schon viel weiter in Richtung Befreiung der Menschheit fortgeschritten als die BRD. Sozialismus mit menschlichem Antlitz plus Diktatur des Proletariats? Geht das denn? Ja! Ja! Das ist Vermächtnis der Rosa Luxemburg, »für die DDR ein altes Lied, für die BRD Zukunftsmusik«.

Biermann griff in die Saiten, schlug den »Bitterfeld-Flamenco« – so der Kollege Hannes Wader – und funkte aus der alten Sporthalle in Köln eine besondere Botschaft an alle Republikflüchtlinge, die auch in Pankow ankommen sollte: Republikflucht ist Flucht vor sich selbst auf Kosten des sozialistischen Kollektivs. Tags darauf funkten die Bürokraten aus Pankow zurück: Einreiseverbot für Biermann. Von diesem Tag an irrte der Sonderbotschafter aus der Chausseestraße heimatlos durch den Westen, vom Widerstandscamp in Gorleben bis zur Klausurtagung der CSU in Wildbad Kreuth. Der Büchnerpreis von 1991 gab ihm keine Orientierung und so notlandete unser Ikarus schließlich als Bellizist bei Springers BILD.

Man sollte – so wie er einst in der Chausseestraße scherzte – eine Straße nach dem Berliner Ehrenbürger benennen. Keine Sackgasse, nein, aber vielleicht einen Kreisverkehr, den Wolf-Biermann-Kreisel: abbiegen in alle Richtungen erlaubt.

Berufsprovokateure

Schlingensief in Bayreuth? Der Performancekünstler auf dem grünen Hügel? Mann, Wolfgang Wagner, der hat sich was getraut! Aber er wusste natürlich auch: Wenn es um die letzten Dinge geht, gehört Remmidemmi zum Geschäft. So ein Angebot hatte elf Jahre zuvor schon Heiner Müller erhalten, und dieser fand es »zu absurd, um es abzulehnen«. Der exzentrische Dichter, der seit 1956 Bertolt Brechts Zigarren weiterrauchen durfte, versprach, Wagners Tristan »nicht als lineare Lustkurve, sondern als verzögerten Orgasmus« zu inszenieren, denn »es kann nur etwas Neues entstehen, wenn man das macht, was man nicht kann«. Das wird sich Christoph Schlingensief auch gedacht haben. Aber er hatte im Gegensatz zu Müller in Bayreuth einen echten Bühnenerfolg. Die Provokation zündete nicht. Der große Knall blieb aus. Kritiker und Publikum kapitulierten dankbar vor der Bilderflut und ein Gerücht ging durch die Feuilletons: Nie war ein Regisseur Richard Wagner näher als Christoph Schlingensief.

Unten im Orchestergraben sorgte ein großartiger Pierre Boulez – selbst ein verdienter Altmeister der Provokation – für Präzision und vor allem Tempo. Vielleicht hat er gedacht: Da oben in der Opernwelt, da mag die Bonboniere der Postmoderne explodiert sein, aber hier unten wirkt die Macht der werkgetreuen Musik. 1967 hatte Boulez in einem SPIEGEL-Gespräch vorsichtig vorgeschlagen, alle Opernhäuser der Welt in die Luft zu sprengen. Er hielt das für die eleganteste Lösung, um der Konformität des Musikbetriebs zu entkommen und Platz für wahrhaft Neues zu schaffen. 34 Jahre später bekam

Boulez im Basler Hotel »Drei Könige« Besuch aus der Vergangenheit. Schweizer Polizisten standen morgens um 6 Uhr vor seinem Bett, konfiszierten seinen Personalausweis und verschwanden wieder. Der Fall Boulez wurde dann aber schnell geklärt. Nach einer schlechten Kritik eines Boulez-Konzertes im Jahre 1995 erhielt die verantwortliche Redakteurin eine telefonische Bombendrohung. Bombendrohung? Pierre Boulez? Da war doch was! Genau! SPIEGEL-Leser wissen mehr. Boulez geriet unter Verdacht, hatte aber nach dem Konzert die Schweiz wieder verlassen. Nicht so sein Name, der im automatischen Schweizer Fahndungssystem festgehalten wurde, bis Boulez wiederkam. Die Polizei versteht nicht alles, aber sie kann sich alles merken.

Beltz mit Bombe

An einem heißen Sommertag im Jahre 1988 saß ich in der Freiburger Gießereihalle mit Joschka Fischer auf dem Podium. Ich weiß gar nicht mehr, was damals Sache war. 20 Jahre 1968? Oder 140 Jahre 1848? Oder einfach 40 Jahre Fischer? Die Freiburger Autonomen waren mit Buttersäure angerückt und hatten sich bedrohlich aufgebaut. Als Fischer die Buttersäure witterte, sprang er auf, schnappte sich eine volle Flasche Mineralwasser, holte aus und schrie: »Weg da, ich werfe!« Ich dachte: »Mein lieber Molotow, gelernt ist gelernt!« Mittlerweile stank es überall nach Buttersäure und die Autonomen zogen ab. Fischer öffnete die Flasche und nahm einen Schluck. Die Jubiläumsdiskussion konnte beginnen.

Zehn Jahre später wurde Joschka Außenminister. Matthias Beltz spottete: »Außen Minister, innen Kanister«. Und mir war nicht ganz klar, auf was der Kollege Beltz da genau abzielte. Ich hatte mich mit Beltz zwei Tage vor seinem Tod im »Gargantua« getroffen, wo der Chef des Hauses, Klaus Trebes, seinen ehemaligen Kombattanten Joschka Fischer, Johnny Klinke und Matthias Beltz feine Weine und mediterrane Esskultur nähergebracht hatte. Beltz war mit der Karriere seines Weggefährten Fischer nicht mehr einverstanden. Er sprach von Joschkas Rolle im Balkankrieg und kreierte mit einem beiläufigen Nebensatz die Fischer-Scharping-Bande. Ein typischer kleiner Pointentest unter Kollegen. Es war klar, dass Beltz nicht den Joschka, aber sehr wohl den Herrn Fischer im Visier hatte. Da braute sich was zusammen! Am nächsten Abend kam ich nach meinem Auftritt im »Mousonturm« noch in Johnny Klinkes »Tigerpalast« und durfte die letzte Conférence von Beltz miterleben. »Liberté, Egalité, Varieté!«

Am nächsten Tag starb Beltz in seiner Wohnung an Herzversagen.

Zur Beerdigung kam viel Kulturprominenz und auch der Außenminister hatte sich angesagt. Aber vorher kam die Polizei. Mit einem Spürhund suchte sie in der Trauerhalle nach Sprengstoff. Sogar der Sarg des Kabarettisten wurde beschnüffelt. Beltz mit Bombe im Sarg? Sein letzter Wille? Oh no! Reine Routine!

Der tägliche Wahnsinn

»Die einfachste surrealistische Handlung besteht darin, mit Revolvern in den Fäusten auf die Straße zu gehen und blindlings, soviel wie möglich, in die Menge zu schießen. Wer nicht wenigstens einmal im Leben Lust gehabt hat, auf diese Weise mit dem derzeit bestehenden elenden Prinzip der Erniedrigung und Verdummung aufzuräumen, der gehört eindeutig selbst in diese Menge und hat den Wanst ständig in Schusshöhe.«
André Breton

Post für Wagner

»Jede Wahrheit braucht einen Mutigen, der sie ausspricht!«
Einer davon ist zweifellos der Kolumnist Franz Josef Wagner,
der als schizophrener Simplizissimus der BILD-Zeitung fünf
Mal die Woche den Moraltrottel gibt. Wagner hofft, dass Nel-
son Mandela in mineralisierter Form wieder zu uns kommt.
Ein Friedensnobelpreisträger als Potenzmittel für BILD-Leser?
Voodoo made in Hongkong? Ist das besser als Telefonsex mit
Friede Springer?

Ich habe »Post von Wagner« einen halben Vormittag en
suite gelesen und verstehe »Tutti Frutti«, und damit auch,
was das Privatfernsehen in 30 Jahren im Kopf von Wagner
angerichtet hat. Ein unbekleidetes Mädchen ist besser als
Staatsfernsehen, und Edward Snowden erhält in Deutschland kein Asyl, weil Amerika uns von Adolf Hitler befreit
hat. Aber es gibt bei Wagner auch das Moment der lyrischen
Bewusstseinserweiterung: »Liebes Wetter, es war ein wun-
derbarer Frühlingstag in Berlin, aber es war zu warm für die
Jahreszeit. Es war der Tag der zwei Sonnen, die eine, die uns
die Herzen öffnet, die andere, die uns verbrennen wird.« So
wird es kommen. Ja, können wir denn gar nichts dagegen
tun? Nein, es lässt sich nicht verhindern. Aber bis dahin,
Herr Wagner, haben wir noch etwa 4 Milliarden Jahre Zeit.
Dann allerdings geht der Sonne der Wasserstoff aus und ihre
heiße, sterbliche Hülle wird sich mangels Schwerkraft und
innerem Zusammenhalt bis zum Mars ausdehnen. Die Oze-
ane werden zischen und brodeln und mit diesem letzten
Aufguss wird auch der Träger der goldenen Feder und Chef-

kolumnist der BILD-Zeitung ins Weltall verdampfen und auf einem fernen, hoffentlich unbewohnten, Planeten als warmer Regen niedergehen.

Oh Maria, hilf!

Pussy Riot, das war für den postsowjetischen Biedermann der Aufstand der Unanständigen. Erst Gruppensex im Moskauer Institut für Biologie und dann ein High-Speed-Bittgottesdienst in der – mit deutschen Schmiergeldern – frisch renovierten Erlöserkathedrale: Die Jungfrau Maria zu bitten, Mütterchen Russland von den Patriarchen Vladimir Vladimirowitsch Putin und Kyrill I. zu erlösen, das war nicht nur ein politisch-satirischer Wirkungstreffer, sondern auch lupenreiner Retro-Dada im Avantgarde-Gangsta-Look, der binnen weniger Stunden eine weltbekannte Marke schuf. Maria Aljochina & Co verzichteten nach ihrer Freilassung auf Pussy Riot®. Keine Welttournee mit Madonna als Support!

Wer sich schon auf die nächste Himmelfahrts-Performance in Santa Maria Maggiore oder Notre-Dame gefreut hatte, dem sei gesagt: Es war eine intelligente Entscheidung, vom Punk abzulassen. Es gibt Dinge im Leben, die kann man nicht wiederholen, ohne Gefahr zu laufen, indolent zu werden. Die perfekte Welle der Empörung lässt sich nicht beliebig schlagen. Theodor W. Adorno, der 1968 von barbusigen Studentinnen mit einer Erotikattacke aus dem Hörsaal vertrieben wurde, sei an dieser Stelle zitiert: »Die fast unlösbare Aufgabe besteht darin, weder von der Macht der anderen, noch von der eigenen Ohnmacht sich dumm machen zu lassen.«

Das Recht auf Grünspecht

Freiburg im Breisgau ist eine ökostolze »green city« und die Freiburger Grünen würden sich die Farbe, die sie in die Politik gebracht haben, gerne patentieren lassen. Ist »Grün« eine Marke, die man schützen kann? Darf sich ein kleiner Verein auf kommunaler Ebene »Grüne Alternative Freiburg« nennen? Alternative? Da muss sofort nachgefragt werden: alternativ wozu? Nun, in diesem eher unbedeutenden, aber sehr pikanten Fall: alternativ zu den Grünen selbst. Das ging der Partei, die ja offiziell »Bündnis 90/Die Grünen« heißt, zu weit. Die Landesgrünen klagten vor dem Landgericht Freiburg auf Unterlassung von Grün.

Selbstverständlich – das wurde immerhin eingeräumt – darf es eine politische Alternative zu den Grünen geben, aber diese darf auf keinen Fall grün sein. Die Grünen haben ein Problem: Die ganze Republik ist grün getüncht. Spätestens seit Joschka Fischer REWE berät und als Fresspaket bei BMW eingestiegen ist, ist alles im grünen Bereich, alles »Bio« und »Öko«. Etiketten lachen und lügen. Da gilt es, den eigenen Markenkern zu schützen und der Konkurrenz gerichtlich zu untersagen, »das Wort ›Grüne‹ oder ›grün‹ einschließlich aller Deklinationsformen und das entsprechende Abkürzungszeichen ›G‹ in ihrem Namen« zu verwenden. So die Klageschrift, und weiter: »Die Wähler müssen klar erkennen können, welche Organisation sie wählen.« Kann das der Wähler überhaupt noch, auch wenn er die echten Grünen wählt? Regierungsgrüne und Oppositionsgrüne, das sind zwei verschiedene Parteien. Grün ist nicht gleich Grün. Es gibt Hellgrüne und

Dunkelgrüne und an der Macht, schreibt der Kollege Volkmar Staub, sind alle Grünen grau.

Das Oberlandesgericht Karlsruhe hat dem Markenschutztheater ein Ende bereitet. Grünspan bleibt Grünspan und Grünspecht bleibt Grünspecht. Grün gehört uns allen. Grün ist wie Gorleben, es ist überall.

Du bist Deutschland

Die Welt, das Vaterland

Mein Glücke trag' ich in der Taschen
Und kann hinlaufen, wo ich will.
Das große Dorf, auf teutsch: die Welt
Die so viel Menschen unterhält,
Ist überhaupt mein Vaterland,
Das niemals völlig abgebrannt;
Und dieser weite Ort ist meiner Reise Ziel.
*Anonymus aus den Sing-, Spiel- und Generalbass-Übungen
von Georg Philipp Telemann, 1735*

Einigkeit und recht viel Freizeit

»Deutschland, Deutschland über alles ...!« Friedrich Nietzsche hielt den Text für die blödsinnigste Parole der Welt. Das hinderte Reichskanzler Friedrich Ebert 1922 jedoch nicht daran, den Text von August Heinrich Hoffmann von Fallersleben in Kombination mit einer Komposition Joseph Haydns zur Nationalhymne zu erheben. Ursprünglich stand Haydns Melodie im Dienste von Österreich-Ungarn und stellte eine Lobpreisung des letzen Kaisers des Heiligen Römischen Reiches Deutscher Nation dar: »Gott erhalte Franz, den Kaiser ...«.

Nach der Schlacht von Austerlitz und dem Untergang des Heiligen Reiches war die Musik frei und Haydn wurde für den jungen deutschen Nationalismus eingespannt. Ein nationales Lied für eine Nation, die es 1841 von der Etsch bis an den Belt noch gar nicht gab. »Einigkeit und Recht und Freiheit ...« – das war ein nationalliberaler Traum in Schwarz-Rot-Gold. Aber damals wuchs nicht zusammen, was zusammengehörte. Preußen trat als Geschichtsbeschleuniger auf den Plan, schaltete 1866 Österreich aus und verwirklichte mit eiserner Faust ein Deutsches Reich, ganz nach seiner Fasson. Als Hymne galt »Heil dir im Siegerkranz«. Die Melodie hatte man sich diesmal aus England besorgt.

Nachdem der Siegerkranz 1918 im Schlamm von Verdun versunken war, hatte Deutschland weder Kaiser noch Hymne, sondern eine unglückliche Republik. Die Fahne wurde Schwarz-Rot-Gold und das Deutschlandlied tauchte aus der Versenkung auf. Die erste Strophe war ein Trostpflaster für die offene Wunde des Ersten Weltkriegs. Gut zwei Jahre hatte

Ebert gebraucht, um diesen faulen Kompromiss zu präsentieren. Die Sehnsucht von 1848, der brennende Wunsch, die hochherrschaftlich kleingehackten Deutschen Lande zu einem Deutschland zu vereinigen, war 1922 nur noch nationale Nostalgie.

Sicherlich standen dem Reichspräsidenten auch ganz andere Kaliber nationaler Lyrik aus dem 19. Jahrhundert zur Verfügung. Zum Beispiel der Hit der Paulskirche: »Was ist des Deutschen / Vaterland…? / Ist's Preußenland? Ist's Schwabenland? (...) // Ist's Bayernland? (…) / O nein, nein, nein! / Sein Vaterland muss / größer sein!« Oder die beliebte »Wacht am Rhein«: »Lieb' Vaterland, magst ruhig sein, / Fest steht und treu die Wacht am Rhein! // (...) Solang ein Tropfen Blut noch glüht, / Noch eine Faust den Degen zieht, / Und noch ein Arm die Büchse spannt, / Betritt kein Feind hier deinen Strand.«

Man hätte sogar die blutrünstige »Marseillaise«, – »Marschieren wir, marschieren wir! / Bis unreines Blut / unserer Äcker Furchen tränkt!«, – mit Heinrich von Kleists »Germania an ihre Kinder« noch übertrumpfen können: »Dämmt den Rhein mit ihren (der Franzosen) Leichen, / Lasst, gestäuft von ihrem Bein, / Schäumend um die Pfalz ihn weichen / Und dann die Grenze sein!«

Nein, dann doch lieber: »Deutschland, Deutschland über alles / Über alles in der Welt« plus »Einigkeit und Recht und Freiheit« plus »Deutsche Frauen, deutsche Treue, / Deutscher Wein und deutscher Sang / Sollen in der Welt behalten / Ihren alten, schönen Klang«. Dies war nach dem Versailler Friedensdiktat die angezeigte Wahl, um einerseits die Kulturnation zu annoncieren und andererseits die nationale Rechte, so gut es eben ging, einzubinden, um den Laden zusammenzuhalten. Der Versuch ist bekanntlich gescheitert.

Am Abend des 30. Januar 1933 hatte beim Fackelzug von SA und SS »Deutschland, Deutschland über alles« einen großen Auftritt. Aber bald schon hörten die Nazis lieber Horst Wessel als Joseph Haydn. Mit seiner ungeliebten dritten Strophe überlebte das Lied der Deutschen als Ouvertüre von »Die Fahne hoch! / Die Reihen fest geschlossen!«.

Im April 1950 waren die alliierten Stadtkommandanten Berlins nun ganz und gar nicht begeistert, als Konrad Adenauer in ihrer Anwesenheit im »Titania-Palast« die fast vergessene Strophe des Deutschlandliedes anstimmte. Sozialdemokraten verließen wütend den Saal, die englische und französische Presse schrieb: Geschmacklosigkeit! In Deutschland West begann ein Streit um die Hymne. Was sollen die Deutschen singen? Was soll erklingen, wenn der Bundeskanzler im Ausland empfangen wird? In Köln wurde 1956 vor dem Länderspiel gegen Belgien das Karnevalslied »Wir sind die Eingeborenen von Trizonesien« (»Wir sind zwar keine Menschenfresser, doch wir küssen um so besser«) angestimmt.

Adenauer war in Chicago ebenfalls karnevalistisch mit dem Karl-Berbuer-Hit von 1936 »Heidewitzka, Herr Kapitän« begrüßt worden. Der alte Herr war genervt und versuchte es in Berlin mit der Hymne der Weimarer Republik »Deutschland, Deutschland über alles«. Der Gipfel nationaler Verzückung, der gleich in der ersten Strophe erstürmt wird, hatte im besetzten Deutschland natürlich nichts zu suchen.

Die dritte Strophe war allerdings ein Volltreffer: »Einigkeit und Recht und Freiheit«. Eine Verbal-Trikolore, die es mit Egalité & Co aufnehmen konnte: herzlich, handgreiflich und brüderlich! Nicht zu vergessen: die Blüte des Glücksganzen als Imperativ. In dieser dritten Strophe ist alles drin: Wiederaufbau, Wirtschaftswunder und sogar die Deutsche Einheit. Eine brauchbare Hymne zu dichten ist wie Hammerwerfen: Es kann eine Weile dauern, bis man den Dreh raus hat. Vergessen wir also die erste Strophe des Deutschlandliedes. Sie ist überspannt. Die zweite ist zaghaft, bieder und kitschig. Erst der dritte Versuch des Dichters ist gültig.

Als Deutschland 1954 im Berner Wankdorfstadion überraschend Fußballweltmeister wurde, erklang die Deutsche Hymne. Und was sangen die Deutschen? Natürlich die erste Strophe. Die Hymne erlebte bis in die 80er-Jahre eine dezente Aufführungspraxis und trat vor allem bei olympischen Goldräuschen und Fußballländerspielen ins Rampenlicht.

Dann kamen der Mauerfall und die Frage, was passiert mit der DDR und ihrer Hymne. Begegnen sich die beiden Deutschen Staaten auf Augenhöhe? Respektiert der Westen die Osthymne? Kommt es zu einer Jamsession? Haydn trifft Eisler? Lothar de Maizière konnte sich eine Hybridhymne vorstellen, denn die Hymnen sind textlich und musikalisch kompatibel: Becher auf Haydn und Fallersleben auf Eisler wäre möglich gewesen! Brecht und seine Kinderhymne kamen ins Spiel. Es gab die Idee eines Kompositionswettbewerbs für eine ganz neue Hymne. Aber die BRD und die DDR hatten ja nicht fusioniert. Die DDR hatte die alten Länder Sachsen, Sachsen-Anhalt, Thüringen, Brandenburg und Mecklenburg-

Vorpommern wiedererstehen lassen. Diese sind dann nach Art. 23 GG der Bundesrepublik beigetreten. Juristisch wie politisch pragmatisch brutal.

Hanns Eislers Hymne hätte es verdient, im Staatsdienst zu bleiben, denn sie ist ein besonders satirisches Dokument der deutschen Geschichte. »Auferstanden aus Ruinen« ist ein anständiger und bescheidener Text, jeweils im besten Sinne der benutzten Adjektive. Die Unschuldsvermutung gilt ja auch für eine sozialistische Staatsgründung. Aber Eisler zog bei diesem Optimismus nicht ganz mit. Seine Vertonung des hoffnungsvollen Becher-Textes streifte mit den ersten Tönen den Schlager »Goodbye Johnny« des Österreichers Peter Kreuder. Dieser erhob lauthals Plagiatsvorwurf und klagte gegen Eisler erfolglos bis zur letzten Instanz. Hatte Eisler den Schlager aus dem Film »Wasser für Canitoga« (1938/39) mit Hans Albers gekannt?

Es stimmt was nicht mit dieser Eisler-Hymne. Die Vertonung opponiert scharf gegen die Metrik des Textes. Darauf hat witzigerweise Theodor W. Adorno hingewiesen. Die Betonung liegt bei »Auferstanden aus Ruinen und der Zukunft zugewandt« textwidrig auf den Silben: AUF + AUS + UND + ZU! Genial, eine solche Botschaft in der Nationalhymne zu verstecken. Die Stagnation (AUS) hatte Eisler miterlebt. Den Mauerbau (ZU) musste er vorausgeahnt haben. Ernst Bloch, der wie Eisler aus dem amerikanischen Exil kam, hatte seine Enttäuschung als Aufforderung getarnt: »Jetzt muss statt Mühle endlich Schach gespielt werden!« Als Walter Ulbricht die Mühle 1961 zumachte, blieb Bloch im Westen. Game over!

Es war von der Politik 1990 nicht zu erwarten, dass sie in der historischen Stunde kulturellen Wagemut zeigte. Richard von Weizsäcker, Bundespräsident und Offizier des 9. Garderegiments zu Fuß, hätte es in der Hand gehabt, über Haydn, Eisler, Hoffmann von Fallersleben und Becher öffentlich nachzudenken. Hatte Deutschland nicht soeben in der DDR seine erste Revolution gemeistert? Wie rief das Volk in Leipzig? »Wir sind das Volk!« Chapeau! Das klang souverän. Kurz danach hieß es schon: »Wir sind ein Volk!« Das war schon bequemer! Noch einfacher war dann »Helmut«! Lasst das mal den Helmut machen! Mit der Musik von Toni Marschall als Übergangshymne auf dem Niveau von »Heidewitzka, Herr Kapitän«! Das wäre es gewesen!

Aber von Weizsäcker war ganz Adenauer: »Keine Experimente!« Der Melodie hat noch der alte Kaiser Franz im Heiligen Römischen Reich Deutscher Nation gelauscht. Haydn war zwar Österreicher, aber von Österreich kommen wir ohnehin nicht los! Beim Deutschlandlied singen wir die dritte Strophe. Die erste marschiert im Geiste mit.

Die Fahne hoch!

Eine russische Volksweisheit sagt: »Wird die Fahne entrollt, ist der Verstand in der Trompete.« Trotzdem sei die Frage gestattet: Woher kommt Schwarz-Rot-Gold? Sehr beliebt, gerade bei Jüngeren, ist inzwischen die Antwort: »Aus Berlin! Von der Fußball-WM 2006! Fanmeile! Partyzone! Oléoléolé!« Da wagt man kaum zu widersprechen, denn diese Antwort ist wunderbar leicht und unbeschwert wie die Autofähnchen im Fahrtwind nach dem Einzug ins Achtelfinale. Aber auch Ältere haben 2006 die deutsche Fahne für den Eigenbedarf entdeckt. »Ja, früher war ich national gehemmt, doch heute hab' ich mir ein Fähnchen eingeklemmt!« Die deutsche Fahne steckt nun etwas tiefer in der deutschen Geschichte, als es ihr profaner Gebrauch als nationale Partydekoration erkennen lässt.

Man kann es sich trotzdem einfach machen und ins Jahr 1922 zurückgehen. Die Reichsfarben Schwarz-Weiß-Rot hatten 1918 abgedankt. Nach drei Jahren Bedenkzeit entschied Reichspräsident Friedrich Ebert sich für Schwarz, Rot und praktischerweise Gelb. Seither gilt Gelb als Gold, was Joseph Goebbels dazu anregte, die deutschen Farben als Schwarz-Rot-Senf zu verhöhnen. Jetzt wird es allerdings ernst, denn Schwarz-Rot-Gold konnte sich in der Weimarer Republik gegen Schwarz-Weiß-Rot nicht wirklich durchsetzen. 1926 führte der Fahnenstreit zur Regierungskrise und zum Sturz des Reichskanzlers Hans Luther.

Nach dem Zweiten Weltkrieg wurde über eine neue deutsche Fahne in den alten Farben debattiert. Die skandinavische Variante wurde durchgespielt: goldenes Kreuz auf schwarzem

Kreuz auf rotem Grund. Diese Fahne hätten die Verschwörer des 20. Juli wohl gehisst, wenn das Attentat auf Hitler erfolgreich gewesen wäre.

Die DDR entschied sich 1949 für Schwarz-Rot-Gold im Sinne eines ganzen und einigen Deutschlands. Die Bundesrepublik zog mit: zwei Länder, eine Flagge. Erst 1959 installierte die SED Hammer und Zirkel, quasi als Werkzeug für den Mauerbau. Warum entschied sich die SED für Schwarz-Rot-Gold? Diese Frage beantwortet das 19. Jahrhundert.

Es waren die Farben des Bürgertums, das 1832 auf dem Hambacher Fest die Wiedergeburt Deutschlands begehrte. In der Mehrheit der Paulskirchenversammlung allerdings mit Kaiser und nicht als Republik. Schwarz-Rot-Gold war die Fahne der Aufständischen um Friedrich Hecker, war aber auch auf der Armbinde nachweisbar, die der Preußenkönig Friedrich-Wilhelm IV. trug, um seine demonstrierenden Untertanen zu beruhigen: Sehet, auch Preußen ist auf dem Weg nach Deutschland! Selbstverständlich mit Pulver und Blei im Marschgepäck, was der König aber nicht verriet.

Wo aber hatten die Revolutionäre, Bürger und Liberale die »Dreifarb«, also die deutsche Trikolore her? Die kam wohl von der Wartburg, wo sich 1817 einige Hundert Burschenschaftler unter dem Motto »Freiheit, Ehre, Vaterland« trafen. Eine wilde und wirre Festgesellschaft, die auf der einen Seite einen beachtlichen Verfassungsentwurf mit Meinungs- und Pressefreiheit aus der Tasche zog, andererseits aber auch Bücher im nationalen Freudenfeuer verbrannte. Die Burschen selbst hatten Schwarz-Rot-Gold aus dem Befreiungskrieg gegen Napoleon mitgebracht.

Die berühmte Franzosenjagdgesellschaft des Majors Lützow trug schwarz eingefärbte Uniformen mit Messingknöpfen und roten Aufschlägen. Der gar nicht preußischblaue Kampfanzug lässt sich auch heraldisch interpretieren: Schwarz steht für die Knechtschaft, Rot für das vergossene Herzblut und Gold für die leuchtende Freiheit. Tatsächlich waren Lützows Jäger militärisch eher unbedeutend und hatten zudem eine hohe Quote von Deserteuren. Ihre Uniform wurde legendär, machte Mode und brachte Schwarz-Rot-Gold aus dem Befreiungskrieg in das sehnsüchtige Ringen um das einige Vaterland.

Schwarz-Rot-Gold also nur ein Zufall? Heinrich Heine verspottete die Farben als altgermanischen Plunder und erblickte hinter ihnen den Wunsch der Deutschen, ins alte Kaiserreich des Friedrich Barbarossa heimzukehren. Der Kaiser hatte einen goldenen Schild mit schwarzem Adler, der im Spätmittelalter mit dekorativen roten Klauen und einem roten Schnabel heraldisch aufgewertet wurde und das Banner des Heiligen Römischen Reichs Deutscher Nation zierte. Die dunklen Anfänge von Schwarz-Rot-Gold liegen also beim alten Rotbart, der ja bekanntlich nicht in einem Gebirgsbach in Südanatolien ertrunken ist, sondern in einer Karsthöhle des Kyffhäusers in Thüringen samt seiner Getreuen in einen tiefen Schlaf gefallen ist. Wenn der alte Kaiser ausgeschlafen hat, dann erwacht auch Deutschland und das alte Reich kehrt in Herrlichkeit zurück und schwarz-rot-goldene Zeiten brechen an.

Präsidentensuite

Unter den elf Bundespräsidenten, die Deutschland bisher hervorgebracht hat, sind nur zwei Katholiken, die zusammen immerhin zwölf Jahre an der Spitze standen, beide allerdings zu vorzüglichen Objekten des Spotts wurden. Wer waren die beiden? Richtig! Nr. 10, Christian Wulff, und Nr. 2, Heinrich Lübke. Hinzu gesellt sich eine dritte kabarettable Gestalt: die Nr. 9, Horst Köhler. Für das Fernsehkabarett war der Quereinsteiger, vormals Geschäftsführer des Internationalen Währungsfonds und Präsident der Deutschen Sparkassen und des Giroverbandes, schnell die allerliebste Zielscheibe: Als Merkels »dritte Wahl« galt der »hölzerne Horst« nur als untauglicher »Bundespräsidentenversuch«. Wahlweise war Köhler auch die »Kühlerfigur« der Staatskarosse Deutschland. Dem branchenüblichen Hohn hat der SPIEGEL noch eins platt obendrauf gesetzt: »Horst Lübke«! Selbstverständlich durfte da das berühmte »Lübke-Zitat« – »Meine sehr verehrten Damen und Herren, liebe Neger!« – nicht fehlen. Nur zur Erinnerung: Bundespräsident Lübke leistete sich in seiner zweiten Amtszeit von 1964-69 zahlreiche verbale und diplomatische Schnitzer, die ihn zum Hoflieferanten der Kabaretts, insbesondere der Münchner »Lach- und Schießgesellschaft« machten. Mit den besonderen, pointierten und kabarettreifen Fehlleistungen des erwiesenermaßen schrecklichen Redners gab es nur ein Problem: Sie stammten gar nicht von Lübke, sondern wurden ihm von SPIEGEL-Journalisten untergeschoben. Die »lieben Neger« kamen Lübke nie über die Lippen, jedenfalls gibt es keine Zeitzeugen oder Dokumente, die das belegen könnten.

Allein, man traute es dem Bundespräsidenten zu. Es ist Journalisten nicht zu verübeln, dass sie lieber mit einem Anfangsverdacht als mit der Unschuldsvermutung arbeiten, und zudem gilt natürlich die alte Erkenntnis: War es auch nicht wahr, so war es doch gut erfunden.

Die Retrodiagnose des Patienten Lübke ergibt heute klare Anzeichen von Demenz, allerdings überlagert durch eine präsidiale Selbstüberschätzung. Lübke wollte es seinem gebildeten und sprachlich versierten Vorgänger Theodor Heuss gleichtun, verschmähte das von hilfreichen Händen gereichte Manuskript und suchte sein Heil in der freien Rede. In seinem Starrsinn war der Sauerländer authentisch und wurde schnell zum führenden Vertreter eines Genres, für das man später den Begriff »Realsatire« erfand. Lübke war ein Lückenbüßer, denn eigentlich wollte Adenauer 1959 vom Palais Schaumburg in die Villa Hammerschmidt umziehen. Der alte Fuchs blieb dann aber doch lieber an den Hebeln der Macht, um Vizekanzler Ludwig Erhard auszubremsen. Es hat nichts genutzt. Adenauer versuchte sogar Erhard, den er für unfähig hielt, zu einer Kandidatur für das höchste Amt im Staat zu bewegen. Aber Erhard ließ sich nicht entsorgen und so kam es zu Lübke, der sich gegen einen Carlo Schmid durchsetzte, genauer gesagt, durchgedrückt wurde.

Die Wahl eines Bundespräsidenten kann verschiedene Beweggründe haben. Alle fünf Jahre gibt sie den Parteien, die gerade am Drücker sind und die Mehrheit im föderalen Mix von Bund und Ländern stellen, die Möglichkeit, ein verdientes Parteimitglied mit Amt und Würden zu versorgen oder ein politisches Signal zu setzen. Zudem kann der Kanzler oder die

Kanzlerin einen missliebigen und potentiell gefährlichen Konkurrenten aus der eigenen Partei im höchsten Amt politisch kaltstellen.

Theodor Heuss, der erste Bundespräsident, gilt heute noch als gute Wahl. Er war frei von niederen Motiven und kein Nazi. Bücher aus seiner Feder wurden 1933 verbrannt und Deutsche Zeitungen durften seine Artikel nicht drucken. Dummerweise hatte Heuss '33 im Reichstag die Hand für Hitler gehoben, das aber lag nicht an seiner inneren Überzeugung, sondern an der Fraktionsdisziplin. Hildegard Hamm-Brücher hat mir 1998 versichert, die Wahl Hitlers habe Heuss bereits am nächsten Tage leidgetan. Heuss galt als formidable Besetzung für das höchste Amt, weil er sich scheinbar dem profanen Kalkül der Parteien entzog und zwei Amtszeiten über den Parteien schwebte. Ein würdiger Vertreter der deutschen Kulturnation, der seine Reden selbst schrieb und sich nicht in die Innenpolitik einmischte. Aber das feinsinnige und respektable Staatsoberhaupt Heuss war zunächst nichts anderes als ein tragender Teil der Koalitionsvereinbarung zwischen CDU und FDP. Schön, dass beide Parteien damals die Messlatte für das hohe Amt auch so hoch gelegt hatten. Das war danach nur noch selten der Fall.

An dieser Stelle drängt sich nun die Frage auf, was denn das spezifische Gewicht dieses Amtes ist. Welche politische Bedeutung hat das Amt des Staatsoberhauptes, wenn seine Besetzung letztlich durch den Bundeskanzler entschieden wird und seine Wahl parteipolitischen Interessen entspringt? Wäre es nicht besser, das Staatsoberhaupt filterfrei direkt vom Volk wählen zu lassen?

Die direkte Wahl des Bundespräsidenten wird gerne als Risiko gesehen, als Kontrollverlust der Parteiendemokratie und potentieller Imageschaden für Deutschland. Wehe, der falsche Mann oder auch die falsche Frau würde von den Wogen der Begeisterung ganz nach oben gespült! Aber wie lange würde es dauern, bis sich im Volke die Erkenntnis verbreiten würde, dass der Mann des Volkes nur Dekoration ist? Ein Grußaugust der Wirtschaft und Kultur, der gerne auch mal seinen Stab von 150 Mitarbeitern eine Diskussion ausdenken lässt, die er dann höchstpersönlich anstoßen darf. Postwendend wird ihm die politische Klasse bestätigen, wie wichtig die Impulse waren, die er gegeben hat.

Der bayerische Protestant Roman Herzog hat 1997 im Hotel »Adlon« einen solchen Impuls gegeben und den vielzitierten Ruck beschworen, der endlich durch Deutschland gehen müsse. »Aufbruch ins 21. Jahrhundert!« Warum aber sollte ausgerechnet vom Festsaal eines Fünf-Sterne-Hotels ein Ruck ausgehen? Warum muss es das 21. Jahrhundert sein? Wäre ein Aufbruch in das zufälligerweise gleichzeitig beginnende dritte Jahrtausend nicht noch bedeutender? Eine weitere Gegenfrage sei auch gestattet: Bricht das 21. Jahrhundert nicht sowieso an, ganz unabhängig davon, ob irgendjemand den großen Aufbruch plant? Die Frage stellt sich immer wieder: Braucht Deutschland als mehrfacher Fußball- und Exportweltmeister ein höheres Wesen von Amts wegen?

Der letzte Deutsche Kaiser hat mit seiner übereilten Abdankung das Deutsche Reich in eine Demokratie gestürzt, auf die es bekanntlich nicht vorbereitet war. Schon 1925 wurde deshalb mit dem Generalfeldmarschall Paul von Hindenburg ein veritabler Ersatzkaiser als Reichspräsident installiert. Das Weimaraner Staatsoberhaupt las am liebsten die Jagdzeitung »Wild und Hund«, hatte aber tragischerweise weitreichende politische Vollmachten. Der Reichspräsident konnte den Reichstag auflösen und mit Notverordnungen von oben nach unten durchregieren. Ganz im Gegensatz etwa zu Horst Köhler war er der Oberbefehlshaber der Streitkräfte. Bekanntlich hat der Reichspräsident 1933 dem falschen Mann die Hand geschüttelt und somit dem Amt schweren Schaden zugefügt.

Sicherheitshalber wurde 1949 das deutsche Staatsoberhaupt demilitarisiert und rundherum entmachtet, das heißt als repräsentativer Würdenträger in Dienst gestellt. Ideengeschichtlich aber ist der Präsident ein Nachfolgemodell des Kaisers. Am Amt des Bundespräsidenten unserer Demokratie klebt ein Erdenrest des Gottesgnadentums. So wie der Lachsersatz den Edelfisch vertritt, so ist der Bundespräsident, nein, nicht Ersatzkaiser, aber doch Kaiserersatz. Im Geiste des nach wie vor beliebten Friedrich des Großen ist er gleichzeitig der erste Diener seines Staates. Seine dienende Funktion kann ganz unterschiedlich daherkommen. Joachim Gauck, der aktuelle Präsident, den Angela Merkel zunächst – aus welchen interessanten Gründen auch immer – verhindern konnte, diente bisher als starke Hefe für die immer noch auf der Maische liegende, nicht ganz ausgegorene Deutsche Einheit. Ihm kommt nun für die lahmen und lähmenden Jahre der Großen Koalition die Rolle des oppositionellen Muntermachers zu. Da, wo die Regierung Linkspartei und Grüne nach Lust und Laune ignorieren kann, wird das Staatsoberhaupt zur Lichtgestalt und darf die Illusion nähren, politische Entscheidungen seien vom Ausgang engagierter Debatten abhängig.

Horst Köhler hatte eine ganz andere Funktion. »Ausgeheckt« (Deppendorf) von Merkel und Westerwelle, war er 2004 der bescheidene Vorbote für Schwarz-Gelb. Aus dem pflegeleichten ehemaligen Staatssekretär erwuchs ein volksnaher Präsident, der einen nicht ungefährlichen Eigensinn entwickelte. Köhler mischte sich in die Afghanistan-Debatte ein und äußerte öffentlich, was längst im Weißbuch der Bundeswehr zu lesen war: militärische Intervention als Ultima Ratio der Rohstoffsicherung und Krisenprävention. Es hagelte Kritik und plötzlich stand der Präsident neben Kaiser Wilhelm II. und dessen Kanonenbootpolitik. Die Regierung schwieg. Seine Erfinder ließen Präsident Köhler im sauren Regen der Empörung stehen. Offensichtlich hatte Köhlers politischer Gebrauchswert für CDU und FDP in der seit 2008 schwelenden Finanzkrise gelitten. Der schwarzgelbe »Superhorst« (BILD) wurde zum Vollhorst degradiert.

Warum Köhler zum Pionier wurde und als erster Präsident den Bettel hinwarf, müssen Historiker klären. Köhler beließ es bei der Auskunft: mangelnder Respekt! Hat es mit dem Euro-Rettungsschirm zu tun? Mit dem »Notstandsgesetz«, das morgens im Parlament beschlossen, nachmittags im Bundesrat gebilligt und am nächsten Morgen dem Afghanistan-Heimkehrer Köhler zur unverzüglichen Unterschrift vorgelegt wurde? Ein ehemaliger Chef des Internationalen Währungsfonds mit abweichender Meinung zur europäischen Finanzpolitik als Bundespräsident! Das hätte spannend werden können.

Aber Köhler entschied, die Flinte ins Korn zu werfen. Ein besonderer Fall von Fahnenflucht.

Der erste Präsident der Opposition und damit Vorbote des nahenden Endes der sozialliberalen Koalition war Karl Carstens, für den es 1979 eine satte Mehrheit der CDU/CSU in der Bundesversammlung gab. Dabei war das frühere NSDAP-Mitglied (im Kabarett wurde die Sektmarke »Carstens SC« in »Carstens NS« umgetauft) als Rechtsaußen der CDU stark umstritten. Dem Vorboten folgte 1980 Franz Josef Strauß als Kanzlerkandidat, der aber Helmut Schmidt nicht ablösen konnte. Dazu bedurfte es des Abfalls der FDP, die 1982 den Kanzlersturz ermöglichte. Im Amt blieb Carstens blass und hielt sich aus der Innenpolitik weitgehend raus. In dunkler Erinnerung bleiben seine Wanderungen durch die deutschen Lande und ein Satz, der Bände spricht: »Ein Wehrpflichtiger leistet mehr für den Frieden als die Friedensbewegung.«

Als sich die Amtszeit des glanzlosen Juristen dem Ende näherte, präsentierte die CDU den Kandidaten Richard von Weizsäcker, der schon 1974 – allerdings chancenlos – gegen Walter Scheel angetreten war. Der Ex-Außenminister wusste mit seinem Amt politisch nicht viel anzufangen. Ein Vor- oder Nachdenker war er auch nicht. Er bekleidete das Amt als Belohnung für seine Dienste als Architekt der sozialliberalen Koalition und genoss diesen Bonus »hoch auf dem gelben Wagen« auch sichtlich und ausgiebig. Ausgerechnet der Liberale Scheel war das erste Staatsoberhaupt mit NSDAP-Mitgliedsnummer, was die Öffentlichkeit aber erst erfahren sollte, als es niemand mehr richtig interessierte. Die reine Mitgliedschaft in der NSDAP oder einer ihrer Unterorganisationen ist eine peinliche Angelegenheit, muss aber nicht zwingend zu einem Reputationsverlust führen, wie die Beispiele Dieter Hildebrandt und Walter Jens zeigen. Eine Karteikarte mit Mitgliedsnummer macht rückwirkend noch keinen Nazi.

Richard von Weizsäcker hatte solche Probleme nicht. Er war Offizier des elitären Infanterieregiments 9, aus dessen Reihen sich auch Widerstand gegen Hitler rekrutierte. Von Weizsäcker gilt heute als der beste Präsident, den wir je hatten. Ein Glücksfall der Nachkriegsgeschichte. Ein feiner Mann – wie von einem anderen Stern –, der Macht und Geist wieder zu versöhnen wusste. Er hatte etwas von einem guten König und Franz Josef Strauß nannte ihn gar die Idealvorstellung eines Staatsoberhauptes. Von Weizsäcker war das »Kontrastmittel der Kanzlerdemokratie« (Stuttgarter Zeitung), das Helmut Kohl als »sprachlosen Schwätzer« (DER SPIEGEL) erscheinen ließ. Kohl bereute schon bald, dass er von Weizsäcker den Weg in die Villa Hammerschmidt bereitet hatte, denn sein ehemaliger Protegé nutzte die kargen Möglichkeiten, die das Amt bot, zu großen Auftritten. Der gelernte Wirtschaftsjurist und politische Quereinsteiger überraschte am 8. Mai 1985 mit seiner Rede zum 40. Jahrestag der deutschen Kapitulation.

Den Sieg der Alliierten als Befreiung darzustellen war 1985 ebenso wenig eine Selbstverständlichkeit, wie den Widerstand der Kommunisten gegen Hitler zu ehren. Von Weizsäcker wurde schnell zu einer moralischen Instanz. Er kritisierte die Dominanz der Parteien im politischen Willensbildungsprozess und attackierte mit der gebotenen feinen, diplomatischen Schärfe das System Kohl, »das die von der Demokratie angebotenen Mittel zur Erringung und Bewahrung der Macht auf eine bisher nie gekannte Höhe der Perfektion getrieben hat«. Politische Konsequenzen hatten seine Worte nicht, aber er weckte bei vielen den Wunsch nach einer Republik, wie sie sich Ernst Jünger wünschte: nah an der Monarchie, mit viel Seelenadel.

Hier könnte man mit milder Ironie aufhören und sich den Bedeutungszwergen widmen, die nach ihm das Amt innehatten. Aber es fällt ein dunkler Schatten auf unsere Lichtgestalt. Er war als Geschäftsführer von »Boehringer« verantwortlich für die Produktion und den Vertrieb von Chemikalien, die das amerikanische Unternehmen »Dow Chemical« nutzte, um »Agent Orange« herzustellen. Das Gift wurde zur Entlaubung des Dschungels im Vietnamkrieg eingesetzt und enthielt produktionsbedingt Dioxin. In Vietnam leiden heute noch Hunderttausende Menschen an den Folgen von 50 Millionen Liter »Agent Orange«, die auf das Land herabregneten. Gendefekte, Totgeburten, Missbildungen und Krebs. Alles bekannt. Alles veröffentlicht. Alles ohne Konsequenzen und größere öffentliche Resonanz. Es erklingt das alte Lied: Das haben wir nicht gewollt und vor allem nicht gewusst! Wie lang wird die Bundesrepublik brauchen, um ein Staatsoberhaupt hervorzubringen, das über Freiherr von Weizsäcker und die Entlaubung des südostasiatischen Dschungels spricht?

Was sollte nach Weizsäcker noch kommen? Wieder ein evangelischer Kirchenmann, aber diesmal zur Abwechslung einer aus dem Osten. Steffen Heitmann war unzumutbar und als Ersatz wurde Roman »Ruck« Herzog aus dem Kanzlerhut gezogen. Als Kohl nach 16 Jahren unerträglich wurde und Rot-Grün die Bühne betrat, wurde das Amt des Bundespräsidenten 1999 wieder als Prämie verliehen. Der Glückliche war Johannes Rau, der ausgebrannte Landesvater Nordrhein-Westfalens. Beim Umzug nach Schloss Bellevue hatte er gleich mehrere Skandale der Nordrhein-Westfälischen Landesbank WestLB im Gepäck, für deren Bearbeitung Bruder Johannes sein erstes Amtsjahr opfern musste.

Wer glaubte, dass nach 30 Jahren nun mal ein Katholik auf die hohe Kanzel durfte, der sah sich getäuscht. Mit Köhler kam der sechste Protestant in Folge auf den Thron. Eine seltsame Wahl, mit der niemand gerechnet hatte und die in einem kleinen Erdbeben und leichten Gebäudeschäden auf Bellevue enden sollte. Das Amt war beschädigt und man durfte gespannt sein, ob die Bundesregierung nun ein anderes präsidiales Kaliber präsentieren würde. Plötzlich war der Name Joachim Gauck in aller Munde. Bürgerrechtler, Pfarrer und erster Chef der Stasi-Unterlagen-Behörde: Er war der Mann der Stunde und eine Sympathie-Kampagne lief an.

Angela Merkel hatte andere Pläne und hob den Ministerpräsidenten von Niedersachsen, Christian Wulff, samt Frau Bettina, aufs Schild. Drei Wahlgänge, die über neun Stunden beanspruchten, und fehlende Stimmen aus dem eigenen Lager waren schon ein erstes Vorzeichen mangelnder Akzeptanz. Als Ungereimtheiten seiner Amtsführung im Niedersächsischen Landtag öffentlich wurden, geriet der Präsident schnell unter Druck, der stetig zunahm. Die Staatsanwaltschaft wurde aktiv und die BILD-Zeitung ließ ihren einstigen Wunderknaben fallen. Wer mit BILD »im Aufzug nach oben fährt, der fährt auch mit ihr im Aufzug nach unten«, heißt es bei Springer. Wulff versucht, auf die Berichterstattung der BILD-Zeitung

Einfluss zu nehmen, und erweist sich als politischer Dilettant: Er spricht Kai Diekmann auf den Anrufbeantworter. BILD lässt sich die Chance nicht entgehen, veröffentlicht den Text des Anrufs und präsentiert sich als unabhängiges Blatt, das keine Einflussnahme duldet.

Die Staatsanwaltschaft öffnet Wulff einen Fluchtweg aus der Bedrängnis nach §153a StPO: Einstellung des Verfahrens gegen Zahlung von 20 000 Euro. Damit hätte sich Wulff in der ehrenwerten Gesellschaft von Helmut Kohl wiedergefunden, der sich 2001 mit 150 000 Euro einen Prozess wegen illegaler Parteispenden vom Hals schaffte. Wulff lehnt ab. Drei Tage später erhebt die Staatsanwaltschaft Anklage und Wulff tritt zurück. Die Posse aber geht weiter. 2013 wird in Hannover gegen Wulff wegen Bestechlichkeit im Amt des Ministerpräsidenten verhandelt. Kurz vor Weihnachten verdichten sich die Hinweise, dass der Richter Frank Rosenow das inzwischen aberwitzige Verfahren einstellen will. Von den vielen Vorwürfen ist wenig übrig geblieben. Es geht um 750 Euro für einen Babysitter und ein Hotelupgrading. Zwölf Verhandlungstage und die Vernehmung von 45 Zeugen sind angesetzt. Eine Farce. Derweil gibt Joachim Gauck auf Bellevue einen richtigen Bundespräsidenten. Eigensinnig schwebt er über den Parteien, hält schöne Reden und füllt das Amt nach Kräften aus. Richard von Weizsäcker lässt grüßen.

Achsenmächte

»Preußen sind wir und Preußen wollen wir bleiben.
Wir wollen das preußische Königtum
nicht verschwommen sehen in der faulen
Gärung süddeutscher Gemütlichkeit.«
Otto von Bismarck, 1848

Fridericus Rex 2.0

Vor den Leistungen der »Augsburger Puppenkiste« kann man die Augen nicht verschließen. Mit »Urmel aus dem Eis« war die Puppenkiste 1969 ihrer Zeit weit voraus. Ziegenbock Bobesch hat ja schon nach dem Dinobaby »Urmeli« gerufen, als Steven Spielberg noch gar nicht an Dinosaurier gedacht hatte. Woher kommt das Dinofieber? Das kann nicht nur Marketing sein. Das ist eine echte Mode. Der Dinosaurier ist das Wappentier der westlichen Zivilisation geworden: ein Fin-de-siècle-Monster, das unsere überdimensionalen Zukunftsängste verkörpert. Man kann die Wiederbelebung der Dinosaurier auch als Zivilisationskritik begreifen: »Zu viel Panzer, zu wenig Hirn – ausgestorben!« Wer denkt da nicht an Bundesbahn und Bundeswehr? Aber keine Angst! Der Tod ist möglicherweise nur eine Zwischenstufe! Dank der sich rapide entwickelnden Gentechnik wird es in Zukunft möglich sein, alles Untergegangene wieder auferstehen zu lassen.

Ein kleines Fitzelchen DNS reicht schon aus, um sich ein lebendiges, naturgetreues Abbild geschichtlicher Persönlichkeiten zu machen. Dazu muss man allerdings an die Knochen rankommen. In den Gebeinen von Reichspräsident Hindenburg stecken bestimmt noch intakte, Blut bildende Zellen. Hitlers Knochenkiste lagert in Moskau und wäre Verhandlungssache. Es ist eine Frage der Zeit, bis deutsche GENin-GENieure so weit sind: Guido Knopp hat die Zeitzeugen ausgequetscht. Jetzt kommen die Täter zu Wort. Wen züchten wir als Ersten? Ich würde mit Friedrich dem Großen beginnen. Der liegt unter der Terrasse von Sanssouci griffbereit neben seinen Windhunden. Friedrich 2.0 wäre die Idealbesetzung für die Rolle des Bundespräsidenten. Noch besser als Richard von Weizsäcker, der ja bereits nach zwei Amtsjahren nach »mehr fritzischem Geist« japste. Seinen Dekreten und Sentenzen nach zu urteilen, war Friedrich der Große schon im Rokoko weiter als der deutsche Präsident der Postmoderne: »Jeder soll nach seiner Façon selig werden.« »Gazetten, wenn sie ein bisschen amüsant sein sollen, dürften nicht genieret werden.« Und – Wulff, pass auf! –: »Wenn Türken und Heiden kämen und wollten das Land bevölkern, dann würden wir ihnen Moscheen und Kirchen bauen.« Aus Gründen des Amusements soll hier auch die Originalschreibweise zu ihrem Recht kommen: »… und wen Türken und Heiden kähmen und wollten das Land Pöpliren, sol wollen wier sie Mosqueen und Kirchen bauen.«

Sollte sich kein Fitzelchen Alter-Fritz-DNS aus den Überresten gewinnen lassen, müsste man die Linie des Hauses Hohenzollern züchterisch zurückverfolgen. Was bei Rassehunden möglich ist, müsste doch auch beim Hochadel gelingen! Überzüchtung durch retrograde Inzucht dürfte dabei den Erfolg nicht schmälern: Von den vier letzten Preußenkönigen waren fünf meschugge! Wilhelm Zwo zählt doppelt. Nach dem Vorbild des Films »Jurassic Park« könnte in den unendlichen Weiten der neuen Länder ein Preußenpark entstehen, und dort ließe sich der Aufstieg Preußens im Freilandversuch rekonstruieren.

Die Siegermächte des Zweiten Weltkriegs haben 1947 in Potsdam das Land Preußen als historisch verantwortlich für den deutschen Militarismus aufgelöst. Damit fehlt den neuen

Bundesländern das, was Bayern hat: eine historische Identität. Ein Markenkern ist die Grundlage für eine erfolgreiche Vermarktung. Bayern hat München, Bayern München, Neuschwanstein, die Alpen, das Oktoberfest und ein Bier, gegen das die Berliner Weiße mit Schuss keinen Stich hat. Die Bezeichnung »preußische Küche« ergibt keinen Sinn. In Preußen ist der Fußboden zwar so sauber, dass man von ihm essen kann. Aber so schmeckt es denn auch!

Das Deutsche Reich entstand bekanntlich durch direkte Gewalteinwirkung der preußischen Infanterie. 1813 bei Leipzig wurde Napoleon niedergerungen. Der Name »Völkerschlacht« ist irreführend, da unter verschiedenen Kommandos vor allem Deutsche auf Deutsche schossen. 1866 bei Königgrätz war die Sache schon klarer: Die Nordstaaten unter Führung von Preußen kämpften gegen die Südstaaten unter dem Kommando von Österreich. Angeblich sollen ungeduldige ungarische Husaren schuld an der Niederlage Österreichs sein. Aber es lag an der Waffentechnik. Der Sieg der Nordallianz war damals eine direkte Folge der Erfindung des Zündnadelgewehrs! Mit vorgehaltenem Zündnadelgewehr forcierten Preußen nach dem Sieg über Österreich die kleindeutsche Einheit. Letztlich gilt: ohne Zündnadelgewehr keine Autobahnen, keine Bundesbahn, keine Bundesliga, nicht einmal »Borussia Mönchengladbach«!

Was machte Preußen so erfolgreich? Preußen war gemäß der Definition des Grafen Mirabeau eine »Armee, die sich einen Staat hält«. Kultur musste importiert werden. Musiker aus Italien, Philosophen und Gelehrte aus Frankreich, Bäcker aus der Schweiz, Handwerker aus den Niederlanden. Soldaten aus aller Herren Länder! Die preußische Armee war berühmt dafür, dass sie jedem Soldaten ein Pfund Rindfleisch pro Woche versprach. Aus Rindfleisch wurde dann oft nur Bouillon, und wenn jemand deswegen desertierte, hat man ihm Nase und Ohren abgeschnitten. Wer lässt sich schon Nase und Ohren abschneiden, nur damit wenigstens etwas in der Suppe ist?

Auf dem Grabstein des preußischen Offiziers Johann Friedrich Adolf von der Marwitz, der sich im Krieg gegen Sachsen dem Befehl, Schloss Hubertusburg zu plündern, widersetzte, steht: »Wählte Ungnade, wo Gehorsam nicht Ehre brachte.« Das sind nun für den gelernten 68er gleich drei Fremdwörter in einem Satz! Das verstehen wir nicht. Und schon sind wir mittendrin in der Wertediskussion. Irgendwas muss doch noch an Preußen dran sein! Wie wäre es denn mit den berühmten preußischen Tugenden? Klar und einfach wie das Wappen: In Redlichkeit / schwarz weiß und schlicht! Ganz ohne Preußen / geht die Chose nicht! Des Heiligen Römischen Reiches Streusandbüchse hat einiges im Angebot: Aufrichtigkeit, Bescheidenheit, Disziplin, Fleiß, Gehorsam, Geradlinigkeit, Gerechtigkeit, Gottesfurcht, Härte, Mut, Ordnungssinn, Pflichtbewusstsein, Pünktlichkeit, Redlichkeit, Selbstverleugnung, Sparsamkeit, Tapferkeit, Treue, Unbestechlichkeit, Unterordnung, Weltoffenheit, Zurückhaltung und Zuverlässigkeit.

Der preußische Wertekanon mündet bei konsequenter Anwendung in die vollständige Aufhebung des Privateigentums: »Wer auf Preußens Fahne schwört, hat nichts mehr, was ihm selbst gehört.« Sieht man mal von Gott und den ostelbischen Landjunkern ab, kommt damit das ideale Preußentum dem Kommunismus bedrohlich nahe. Aber mit Härte, Ordnungssinn, Unterordnung, Pflichtbewusstsein, Selbstverleugnung und Pünktlichkeit kann man – frei nach Oskar Lafontaine – auch ein KZ betreiben. Und mit Gerechtigkeitssinn und Weltoffenheit? Was sollen wir damit machen? Der Weg zur Hölle ist mit guten Vorsätzen gepflastert. Der Kanon der preußischen Tugenden ist moralische Polyphonie. Eine große Fuge mit zwölf Stimmen. Leider haben wir nur zehn Finger.

Wien alla Turca

Islamophobie ist eine Erkrankung, die in bestimmten Fällen als Beruf anerkannt wird. Islamophobie kann durch Allergene ausgelöst werden. Das können bereits einfache Sätze sein wie: Was die Türken 1683 vor Wien nicht geschafft haben, holen sie heute in Kreuzberger Betten nach! Der Witz stammt von Vural Öger, dem türkischen Reisepapst aus Hamburg. Thilo Sarrazin hat ihn nicht verstanden, lief rot an und begann zu zittern. Das Zittern wurde stärker, ging in Schreiben über und fertig was das Buch: »Deutschland schafft sich ab«. Ein Lamento furioso. Hier kommen uralte abendländische Ängste zu ihrem Recht.

Wir dürfen das nicht vergessen: Zweimal wurde Europa vom Islam fast überrollt. Da fragen wir uns mit dem SPIEGEL im Geiste der STIFTUNG WARENTEST doch zu Recht: »Welcher Gott ist stärker?« Zwei Götter waren im Test: Unser lieber Gott und Allah. Abendland gegen Morgenland! Wie lange hat das Christentum gebraucht, um sich in Rom aus den Katakomben zu befreien? 300 Jahre! Wie schnell war dagegen der Islam? Kaum war Mohammed verstorben, da galoppierten seine Anhänger auf die Iberische Halbinsel, brachen Südspanien aus der EU heraus und fielen in Frankreich ein.

Der kerneuropäische Karolinger Karl, genannt der Hammer, stoppte die Mauren im Jahre 732 bei Tours und Poitiers. 800 Jahre später, im Jahre 1529, unternahm der Islam einen Vorstoß über die Balkanflanke. Sultan Süleyman der Prächtige wollte in Wien eine Islamkonferenz abhalten und reiste mit 150 000 Mitarbeitern an die Donau. Die Wiener fühlten sich pauschaltouristisch völlig überfordert und schlossen die Tore der Stadt. Die türkische Delegation reagierte äußerst aggressiv, musste aber unverrichteter Dinge wieder abziehen.

150 Jahre später war es wieder soweit und abermals stand eine türkische Reisegesellschaft vor verschlossenen Toren. Die Türken versuchten, sich in die Stadt hineinzugraben, und standen schon kurz vor dem Erfolg, als der polnische König Jan Sobieski mit seinen Husaren und den Original-Don-Kosaken in ihrem Rücken auftauchte. Nach heftigen Gefechten flohen die Belagerer und ließen sogar ihre Kaffeesäcke zurück. Die Wiener stürmten aus der Stadt, schnappten sich die Säcke und kochten zur Feier des Tages türkischen Mokka. Wiener Feinbäcker backten die Mondsichel der Türkenfahne als Kipfel nach und servierten Mokka und Gebäck als Siegerfrühstück, lange vor Café au lait und Croissant. Das gilt als historisch gesichert und man kann es bei Wikipedia nachlesen. Ich schreibe es jeden Abend rein.

Der schwarze Schwan des Vatikan

Im statistischen Mittel wird alle 500 Jahre ein Deutscher Papst. Alle 700 Jahre tritt ein Papst zurück. Wenn man diese beiden Wahrscheinlichkeiten miteinander kombiniert, heißt das: Alle 350 000 Jahre tritt ein deutscher Papst zurück. Benedikt XVI. ist das, was heutzutage Stochastiker, also Vermutungskünstler, einen schwarzen Schwan nennen. Ein unwahrscheinlich überraschendes Ereignis, für das es doch eine einfache Erklärung gibt. In diesem Falle die römische Kurie. Papa Benedetto war die mutwillige Verzögerung von Papst Franziskus. Ein typischer, taktisch motivierter Zwischenpapst, dessen Besuch in Freiburg mir allerdings unvergessen bleibt.

Papa ante portas: Zunächst einmal wurden alle Freiburger Brücken auf der Route des Papstes auf ihre Statik untersucht. Trägt die Kaiserbrücke auch den Pontifex maximus? Das Höllental wurde gesperrt und die Ortschaft Himmelreich war vorübergehend nicht erreichbar. 5000 Polizisten sicherten Freiburg. 5000 Dixi-Toiletten des Hl. Stuhls erwarteten 300 000 Kurzstreckenpilger, von denen aber nur 150 000 anrückten. 5000 Papstbänke aus Schwarzwaldtanne und Fichte wurden aufgestellt: 25 laufende Kilometer Sitzgelegenheit! Was hätte die Kirche mit so viel Holz früher anfangen können? Wie viele Scheiterhaufen hätten damit errichtet werden können? Wer erwartet hatte, dass die »Kirche von Unten« beim Papstbesuch gegen die »Kirche von Hinten« aufsteht, sah sich enttäuscht.

Als Kabarettist lernt man schon während der Grundausbildung, immer einen Papst im Programm zu haben. Anfang des Jahres 2013 n. Chr. hatte ich keine Lust mehr auf Papst

Benedikt. Ich wollte ihn aus dem Programm nehmen und siehe da, der schwarze Schwan des Vatikans kündigte seinen Abschied an und flog am 28. Februar einfach davon. Ich hatte immer gedacht, Papst sein ist doch ein Beruf, den man nicht überlebt. Alle Welt fragte: »Benedetto, warum hörst Du auf?« Die Antwort wäre eines Kreuzritters würdig gewesen. Deus vult! »Gott hat es mir gesagt.«

Stuttgarter Entgleisungen

»Die CDU ist eine führerkultische Partei.«
Heiner Geißler

»Scheißverein«
Stefan Mappus, CDU-Mitglied

Wir können alles, außer Demokratie

Die Schwaben proben den Aufstand. Jeden Montag – und das seit Jahren. Über 200 Demonstrationen, dazu Dutzende Kundgebungen mit Zigtausend Teilnehmern. Das muss man selbst erlebt haben: 20 000 Schwaben marschieren durch Stuttgart und rufen unisono »Lügenpack«. Zweifellos eine Beleidigung, die aber haben sich Ministerpräsident Stefan Mappus und sein Kabinett in kürzester Zeit verdient.

Es lässt sich nicht beweisen, aber einiges spricht dafür, dass die Stuttgarter Polizei und ihre Hilfstruppen am 30. September 2010 vom Landesherrn mit einem robusten Mandat ausgestattet wurden, um den Schlossgarten zu räumen. Offiziell hat der Ministerpräsident seine Streitkräfte mit einem Truppenbesuch lediglich moralisch unterstützt. Wohin eine solche Moral führen kann, wurde dann in Hunderten von Kurzfilmen auf Smartphone festgehalten und veröffentlicht: Enthemmte Polizisten schlagen brutal zu. Wasserwerfer, seit Jahrzehnten nicht mehr eingesetzt, aber inzwischen zu Kanonen hochgerüstet, schießen scharfe Fontänen in die Menge. Der Rentner Dietrich Wagner wird im Gesicht getroffen und trägt schwerste Augenverletzungen davon.

Die Falschmeldung, gewalttätige Demonstranten hätten die Polizei im Schlosspark mit Brandsätzen attackiert, wurde in die Öffentlichkeit gestreut, aber die Bilder des Tages sprachen eine andere Sprache. Der Polizeieinsatz nach dem Motto »Demokratie ja, aber heute mal ohne Grundgesetz« hatte Folgen. Polizisten wurden angezeigt. Ein Richter im Ruhestand erhob schwere Vorwürfe gegen Polizei und Justiz. Selbst der

Südwestrundfunk spuckte kritische Töne. Landesvater Mappus wirkte plötzlich wie ein illegaler Nachbau von Franz Josef Strauß.

Die CDU hatte Baden-Württemberg 57 Jahre politisch im Griff, und es fehlte nicht mehr viel, um den Südweststaat endgültig zum Parteieigentum zu machen. Aber am 27. März 2011 geschah das Unglaubliche: Die Baden-Württemberger nahmen ihren CDU-Reaktor vom Netz. Eine solche Niederlage musste sich die CDU natürlich erklären: Es war höhere Gewalt! Der Super-GAU von Fukushima hat bei den braven Landeskindern die Sicherungen durchbrennen lassen. Ja, ja, das ist tragisch: Mit satten 39% der Stimmen verliert die stärkste Kraft in Baden-Württemberg die Wahlen. Mappus zertrümmert seine Festplatte und will sich nach Südamerika absetzen, muss aber doch hierbleiben und der Öffentlichkeit einen tiefen Einblick in seine E-Mails und das Demokratieverständnis der alten CDU in Baden-Württemberg gewähren. Inzwischen ist durchgesickert, dass Mappus seine Partei für einen Scheißverein hält. Kann der CDU in Baden-Württemberg etwas Besseres passieren, als von diesem Mann als Scheißverein geschmäht zu werden?

Das Pharaonengrab der CDU

Der österreichische Ökonom Josef Schumpeter hat schon in den 20er-Jahren die schöpferische Zerstörung als ein wichtiges Merkmal kapitalistischer Wirtschaft beschrieben. Zerstörung erzeugt Verschuldung. Die Höhe der Schulden spielt aber zunächst einmal keine Rolle, wenn durch den Wiederaufbau ein wirtschaftliches Wachstum erzeugt wird, das es mit der Schuldverzinsung aufnehmen kann. Schöpferische Zerstörung setzt innovative Kräfte frei. Niemand hat das besser begriffen und volksnaher formuliert als der frühere Ministerpräsident Günther Oettinger, den Frau Merkel zum Englischlernen nach Brüssel geschickt hat: »In einer Wohlstandsgesellschaft gibt es weniger Dynamik als in den Aufbaujahren nach dem Krieg. Wir sind in der unglaublich schönen Lage, nur von Freunden umgeben zu sein. Das Blöde ist, es kommt kein Krieg mehr. Früher, bei der Rente oder der Staatsverschuldung, haben Kriege Veränderungen gebracht. Heute, ohne Notsituation, muss man das aus eigener Kraft schaffen.«

Das Stuttgarter Bahnhofswunder wurde 1994 ersonnen, sofort öffentlich gefeiert und bereits ein Jahr später vertraglich irreversibel fixiert. Drei Schwaben in den entscheidenden Ämtern: der Bundesverkehrsminister Matthias Wissmann aus Ludwigsburg, der Chef der Bundesbahn Heinz Otto Dürr aus Stuttgart und der Ministerpräsident des Landes Baden-Württemberg Erwin Teufel aus Spaichingen haben diese seltene Konstellation am politischen Sternenhimmel genutzt, um in Stuttgart ein Milliardengrab auszuheben. Man kann die Einzelheiten dieses verrückten Projekts monatelang diskutieren, sich mit Fachleuten streiten, Politiker mit den Fakten konfrontieren und guten Freunden mit dem Dauerthema auf die Nerven gehen. Es nützt alles nichts. Der Wahnsinn ist eingetütet und die Post geht ab.

Eigentlich war dieser Bahnhof doch Sache der Stuttgarter. Eine moderne Kommune entscheidet heute Fragen dieser Größenordnung durch direkte Demokratie. Nicht so in Stuttgart. Hier wurde dafür gesorgt, dass, bereits lange bevor die Dimensionen und Probleme des Projektes sichtbar wurden, der Zug für Bürgerbegehren und andere Volksbelustigungen abgefahren war. Umso enttäuschender, dass im Volksentscheid über den Ausstieg des Landes aus der Finanzierung der Mehrkosten, den die grüne Landesregierung anbot und der das Projekt hätte stoppen können, nicht nur im gesamten Lande, sondern auch in Stuttgart selbst keine Mehrheit gegen Stuttgart 21 zustande kam. Die Mehrheit der Stuttgarter wollte diesen Bahnhof. Wirklich? Warum hat sie denn nur wenig später einen grünen Gegner des Projekts zum Oberbürgermeister gewählt? Das muss eine andere Mehrheit gewesen sein. Oder leidet die Stadt an Schizophrenie? Haben die Stuttgarter Bürger vielleicht zu viel demonstriert? Haben sie zu oft den Verkehr lahmgelegt? Ist die Entscheidung für den neuen Bahnhof vielleicht als eine rein emotionale zu verstehen? Als Rache der Autofahrer und des Einzelhandels? Wir wissen es nicht. Stuttgart 21 ist höhere Gewalt. Wenn schon der Präsident des Bundesverfassungsgerichts herabsteigt, sich unter die Lobbyisten mischt und angesichts des sich hinziehenden Ringens um den Tiefbahnhof von einem Verlust unserer Zukunftsfähigkeit spricht, dann erscheint Stuttgart 21 doch sittlich geboten.

Stuttgart 21 nicht zu bauen, mahnte der Kandidat für das allerhöchste Amt im Staate, Joachim Gauck, sei ja fast schon ein Verbrechen. Darf man nach solchen gewichtigen Mahnungen immer noch gegen den Irrsinn anlaufen? In Freiburg auf jeden Fall, denn Stuttgart 21 ist ein Schaden für Baden. Der Bahnhof soll oben bleiben, Stuttgart muss runter!

Morbus Boudgoust

Wie ist es möglich, dass ein doch kreuzguter, konservativer und auch noch grüner Landesvater tatenlos zuschaut, wie ein erkennbar indolenter Intendant an der Spitze einer Rundfunkbürokratie ein in jahrzehntelanger Arbeit zur Weltgeltung gereiftes Orchester eiskalt ins Nichts abwickelt? Der sinnlose Akt nennt sich schönfärberisch Fusion und ist doch nichts anderes als die Auflösung des SWR-Orchesters. Ist das die Förderung der Hochkultur, die Grüne und SPD in ihrem Koalitionsvertrag beschlossen haben? Davon will die Stuttgarter Regierung gar nichts wissen, genießt doch der Südwestrundfunk staatsvertraglich zugesicherte Hoheit auf eigenem Gebiet, somit auch das Recht auf kulturelle Selbstverstümmelung.

Also schaut der Landesvater zu, wie der Rundfunkrat – eine kulturpolitisch niveaulose und überflüssige Tafelrunde von Spesenrittern – abnickt, was sich nur ein Kulturbanause hat ausdenken können. Da sollen ein paar Millionen eingespart werden und in die Proteste von Musikern und Komponisten aus aller Welt hinein wird verkündet, dass die Rundfunkgebühr um monatliche 73 Eurocent gesenkt wird, weil die Anstalten von ARD und ZDF nicht wissen, wohin mit den Mehreinnahmen von 800 Millionen Euro. Oder sind es 1,1 Milliarden? Der SWR schwimmt in Geld und lässt sein Traditionsorchester absaufen.

Warum behindert der SWR eine öffentliche Debatte im eigenen Hause? Warum erkennt ein Intendant den kulturellen Wert seines Orchesters nicht? Was hat dieser ehemalige Justiziar und Finanzdirektor für ein Verständnis von Kultur im öffentlich-rechtlichen Rundfunk? Nennen wir ihn beim Namen: Peter Boudgoust. Er ist der Herr der Zahlen und schreibt: »Millionen Sportbegeisterte subventionieren de facto mit ihren Gebühren Kulturprogramme und auch Orchester, die nur für eine vergleichsweise kleine Gruppe interessant sind.« Das ist die Perversion des kulturellen Auftrags, den der SWR per Staatsvertrag von uns allen erhalten hat, und der lautet: Information, Bildung und Unterhaltung!

Das SWR-Orchester könnte das Flaggschiff baden-württembergischer Hochkultur sein. Es hat internationale Reputation und ist seit seiner Gründung am 1. Februar 1946 ein herausragender Botschafter für die Kulturnation Deutschland. Ist das nicht bemerkenswert, dass zu einer Zeit, als in Nürnberg Nazis aufgehängt wurden, in Baden-Baden Beethoven gespielt wurde? Dieses Orchester ist nicht die Summe von vertraglich gebundenen Musikern, die man drangsalieren und maßregeln kann. Es stellt – jenseits von Quote und Marktanteil – einen kulturellen Wert an sich dar. Es ist beschämend, das Existenzrecht dieses großartigen Orchesters von internationalem Format mit einer Alimentierung durch den hauseigenen Dudelfunk und deutsche Fußballfans auch nur in Verbindung zu bringen.

Herr Boudgoust, wollen Sie Ihr Werk der Kulturzerstörung fortsetzen? Sie übernehmen die Verantwortung für die Vernichtung von etwas Wunderbarem, das Sie vielleicht gar nicht würdigen können, weil es sich offenbar jenseits Ihres kulturellen Horizontes befindet. Sie huldigen damit ausschließlich einem marktgerechten Rundfunk. Die Senkung der Rundfunkgebühren um vier Prozent ist für Sie der Treuerabatt für Ihre Kunden, die gewissenhaften Staumelder und engagierten Ratespielteilnehmer, die Sie ab Donnerstag mit sicherer Hand ins nahe Wochenende führen. Aber vier Prozent Beitragsminderung, das ist nichts anderes als die Dividende für den kulturellen Niveauverlust, den Sie zu verantworten haben. Herr Boudgoust, ich glaube, Sie sind ein Zahlenfetischist. Als Justiziar und Finanzdirektor war Ihnen diese Obsession vielleicht hilfreich, aber wie können Sie sich anmaßen, in einer kulturellen Angelegenheit von so weitreichender Bedeutung entscheiden zu wollen? So wie es aussieht, liquidieren Sie dieses Orchester quasi im Alleingang. Welcher Teufel hat Sie in die Kultur hineingeritten? Man hat Sie mit einer Machtfülle ausgestattet, die der demokratischen Kontrolle bedarf. Aber an Ihnen versagt die Demokratie in Baden-Württemberg. Eine Frage interessiert mich als zwangsverpflichteten Beitragszahler des öffentlich-rechtlichen Rundfunks: Wer hält Ihnen bei Ihrem Zerstörungswerk eigentlich den Rücken frei?

Danksagung

In einem Hamburger Schaufenster an der Rothenbaum-
chaussee entdeckte ich neben einer uralten Schreibmaschine
ein Zitat von Goethe: »Das geschriebene Wort ist der Feind
des gesprochenen.« Auch wenn Meister Goethe das vielleicht
nie gesagt hat, ich habe es gespürt.

Ich bedanke mich bei:
Richard Reschika,
Willi Winkler,
Richard Rosellen,
Matthias Thiel und
Anja Limbrunner.

NEU MISCHEN!

SOlO2014
DEUTSCHMANN

2014

MATTHIAS **DEUTSCHMANN**

streng vertraulich

Regie: Ulrich Waller

2001

DEUTSCHMANN

Regie: Ulrich Waller

1997

EXECUTIV~CABARET

1984